¿Fiestas Judías o Fiestas de Yahweh?

Libro 3: Celebraciones de Primavera y Verano

A. A. Candelaria

http://ayinweb.com

Segunda Edición: Junio 2017

I

Dedicatoria

A mi amado maestro, amigo y colega en el ministerio José Álvarez (*moreh* Yosef). Gracias por invertir su tiempo desinteresadamente en la enseñanza del mensaje de restauración de la *Torah* y la fe en el mesías Yeshúa. Su ejemplo de humildad y sencillez es un modelo a seguir para muchos de nosotros.

II

Prefacio

Hay pocos libros en el mercado que traten sobre las Fiestas de Yahweh ordenadas en la Torah. Y de los que hay, muchos reflejan tradiciones rabínicas que son ajenas al Texto Sagrado y a la fe antigua y original de Israel, el Yahwismo. En esta obra del maestro Ángel Candelaria se puede ver un genuino esfuerzo por presentar el tema desde un punto de vista puramente Yahwista, apegado a la Torah y a otros Escritos Sagrados, prescindiendo de tradiciones ajenas al Texto.

Cada una de las Fiestas Sagradas de la Torah es tratada en esta obra con sumo cuidado y respeto por el Texto Sagrado, sin añadir interpretaciones fantasiosas y sin dejar de mencionar los elementos más significativos de estos Moadím (citas sagradas).

El estilo sencillo y diáfano de este libro facilita su lectura y la hace amena; y a la vez refleja una erudición sana, respetuosa y profunda de parte del autor, a la vez que cita de fuentes autorizadas y respetables en el ámbito de la exégesis bíblica.

Entre los pocos libros que existen en español sobre las Fiestas Sagradas, éste me parece uno de los mejores, y por eso lo recomiendo encarecidamente a todo estudiante de las Escrituras Sagradas de Israel, esperando que sea de bendición y edificación para todo lector.

José A. Álvarez Rivera (Yosef)
Isabela, Puerto Rico
Enero de 2014

Introducción

A través de los últimos años, he visto como ha crecido la curiosidad por todo lo relativo a las raíces hebreas. En especial, muchas iglesias cristianas –y sus líderes– de alguna manera u otra han incorporado elementos de la liturgia y prácticas judías en sus servicios y enseñanzas. Ya no es extraño ver iglesias que tienen grupos de danza hebrea, usan el *shofar*[1] en sus reuniones, e incluso utilizan el *talit*[2]. A causa de estas experiencias, mucha gente se ha motivado a estudiar la Escritura desde la perspectiva hebrea original, lo cual los lleva a buscar información e instrucción en fuentes provenientes del judaísmo.

Y, precisamente, es ahí donde empieza el gran problema...

Al estudiar fuentes judías y rabínicas en busca del contexto original de la Escritura, mucha gente lo que encuentra es un sinnúmero de enseñanzas provenientes –no de la Escritura– sino de la tradición oral rabínica. Muchas de estas enseñanzas –la mayoría provenientes del *Talmud*[3] y otras obras literarias de la tradición judía– se presentan como si fueran la absoluta palabra del Altísimo, cuando en realidad muchas de ellas son solo comentarios e interpretaciones de hombres. Lamentablemente, la mayoría de las personas que recién se inician en el estudio de las raíces hebreas no se

---

1 *Shofar*: Antiguo instrumento musical hecho de cuerno de antílope o carnero. El pueblo hebreo lo utilizaba para convocar las asambleas, o dar aviso de guerras, entre otras cosas.
2 *Talit*: Manto de oración judío, usualmente utilizado al realizar las oraciones.
3 *Talmud*: Obra central del judaísmo, donde se encuentran recopiladas las enseñanzas e interpretaciones de los antiguos rabinos.

detienen a meditar y orar sobre lo que leen o estudian, y terminan creyendo que todo lo que proviene del judaísmo debe considerarse como una verdad absoluta que tiene base real en la Escritura. Por ende, se envuelven en la práctica de un sinnúmero de tradiciones que, en muchos casos, provoca que la persona se sienta agobiada por prácticas y costumbres con poco o ningún fundamento en la Escritura. Otros abrazan a tal grado la fe judía y sus tradiciones, que simplemente terminan abandonando la fe hebrea original y negando al mesías Yeshúa.

La Internet está llena de muchas fuentes de información, donde el lector puede encontrar información abundante sobre el judaísmo, y en especial la celebración de las fiestas levíticas. Sin embargo, la mayoría de estas fuentes están llenas de enseñanzas provenientes de la tradición rabínica, las cuales no tienen base en la Escritura, e incluso contradicen la misma en muchos casos.

Mi motivación al escribir este libro es proveerle a usted una referencia clara y sencilla sobre las bases bíblicas de la celebraciones levíticas. Es mi intención presentarle información basada, más que nada, en la Escritura, y libre de tradiciones o interpretaciones rabínicas que contradigan la misma. Mi oración es que el Todopoderoso Yahweh le ilumine en su búsqueda de la verdad. Pero no la "verdad" según los hombres, sino la verdad de la Palabra de Yahweh.

V

Tabla de Contenido

VI

La Pascua

"En el primer mes, el día catorce del mes, entre las dos tardes, habrá una ofrenda de Pésaj a Yahweh," Levítico 23:5 (VIN2015)

La primera celebración anual en el año bíblico-hebreo es el *Pésaj,* o la Pascua. Su nombre hebreo proviene del término hebreo *pasáj* (#6452 en el diccionario hebreo *Strong*), el cual significa *brincar, saltar encima, pasar, librar.* Es una alusión directa al evento narrado en Éxodo 12, cuando el pueblo israelita fue librado de la plaga de la muerte de los primogénitos.

Breve trasfondo histórico del Pésaj

Como muchos de ustedes probablemente ya conocen, el antiguo pueblo israelita estuvo viviendo en Egipto por más de 400 años, y gran parte del tiempo que vivió allí estuvo sometido bajo esclavitud. Esto ya había sido profetizado a Abraham muchos años antes de que ocurriera:

"Entonces dijo a Abram: Ten por cierto que tu simiente será peregrina en tierra ajena, y servirá a los de allí, y serán afligidos por ellos cuatrocientos años." Génesis 15:13 (RVR2016)

Al pasar los años, el pueblo de Israel clamó a Yahweh por libertad (Éxodo 2:23-25) y el

Todopoderoso levantó a Mosheh (Moisés) como líder, al cual envía a solicitar al Faraón de Egipto que deje al pueblo israelita en libertad (Éxodo 3:10). Como era de esperarse, el Faraón no los iba a dejar ir sin presentar oposición (Éxodo 13:19), e incluso les agravó su trabajo servil (Éxodo 5:6-9). Por esta razón, Yahweh envía 10 plagas sobre el pueblo egipcio (Éxodo 7-12), de modo que el Faraón concediera la libertad al pueblo hebreo.

De las diez plagas enviadas sobre Egipto, la última merece especial atención, ya que sienta las bases para la celebración del *Pésaj*. Esta última plaga consistió en la muerte de todos los primogénitos de Egipto. Antes de enviar esta plaga, el Todopoderoso impartió unas instrucciones específicas al pueblo hebreo, las cuales están descritas en Éxodo 12. En primer lugar, se le ordena a cada familia sacrificar un cordero macho de un año, sin defecto:

"Hablen a toda la congregación de Israel, diciendo: En el diez de este mes tómese cada uno un cordero por las familias de los padres, un cordero por familia: Mas si la familia fuere pequeña que no baste a comer el cordero, entonces tomará a su vecino inmediato a su casa, y según el número de las personas, cada uno conforme a su comer, calcularán sobre el cordero. El cordero será sin defecto, macho de un año: lo tomarán de las ovejas o de las cabras" Éxodo 12:3-5 (RVR2016)

El pueblo fue instruido a marcar los dinteles de las puertas de sus viviendas con la sangre del cordero que debían sacrificar. Esto serviría como una señal, de modo que la plaga final no afectara a las familias cuya vivienda estaba marcada con sangre (o sea, los hogares de las familias hebreas). De este evento es que deriva la palabra *Pésaj*, en alusión a que la muerte "pasó por encima" de los hogares hebreos y no los afectó:

"Y tomarán de la sangre, y pondrán en los dos postes y en el dintel de las casas en que lo van a comer... Pues yo pasaré aquella noche por la tierra de Egipto, y golpearé a todo primogénito en la tierra de Egipto, tanto en los hombres como en las bestias: y haré juicios en todos los poderosos de Egipto. Yo Yahweh. Y la sangre les será por señal en las casas donde ustedes estén; y veré la sangre, y pasaré sobre ustedes, y no habrá en ustedes plaga de mortandad, cuando golpee la tierra de Egipto." Éxodo 12:7,12-13 (RVR2016)

El cordero pascual debía consumirse con yerbas amargas, pan sin levadura[4], y de forma apresurada, ya que esa misma noche saldrían de Egipto:

"Y aquella noche comerán la carne asada al fuego, y panes sin levadura: con hierbas amargas lo comerán... Y así van a comerlo: ceñidos sus lomos, su calzado en sus pies, y su bastón en su mano; y lo comerán apresuradamente: es la Pascua de Yahweh." Éxodo 12:8,11 (RVR2016)

Es importante señalar el efecto devastador que tuvo

---

4   Dado el hecho de que esa misma noche saldrían de Egipto, no habría tiempo para permitir que la masa del pan levara. Es probable que esta fuera una de las razones por la cual comieron pan sin levadura.

esta última plaga de la muerte de los primogénitos sobre el pueblo egipcio, y no tan solo por la gran cantidad de muertes. Para el pueblo egipcio, los primogénitos tenían suma importancia, ya que eran los herederos principales de cada familia. En el caso de la familia real, el primogénito era el heredero al trono de Egipto, y era considerado casi un ser divino. El artículo de Wikipedia titulado *Faraón* nos indica lo siguiente:

> Los faraones fueron considerados seres casi divinos durante las primeras dinastías y eran identificados con el dios Horus. A partir de la dinastía V también eran «hijos del dios Ra». Normalmente no fueron deificados en vida. Era tras su muerte cuando el faraón se fusionaba con la deidad Osiris y adquiría la inmortalidad y una categoría divina, siendo entonces venerados como un dios más en los templos.

Por consiguiente, la muerte de los primogénitos implicaba una ruptura en la línea de sucesión real para el trono de Egipto. Era un reto mayor a la fe egipcia, quienes confiaban que sus deidades protegerían al líder de su nación.

Luego de esta gran plaga, el Faraón no tuvo otra opción que dejar ir al pueblo hebreo (Éxodo 12:30-33). Más adelante vuelve a cambiar de opinión y decide enviar a sus tropas tras el pueblo hebreo (Éxodo 14:5-8), pero tal decisión culmina en otro devastador evento para el pueblo egipcio: su destrucción en el Mar Rojo (Éxodo 14:23-31).

Los fundamentos del sacrificio de Pésaj

El *Pésaj* originalmente era un sacrificio animal que tuvo sus inicios la noche en que el pueblo israelita salió de Egipto. Posteriormente, el mismo se hacía en el templo de Jerusalem, y luego culminaba en una cena memorial entre familiares y amigos. Como ya vimos, las instrucciones principales para preparar y realizar el mismo se encuentran en Éxodo 12, donde se narra la primera celebración de *Pésaj*.

La *Torah* ofrece en Levítico 1 al 5 una descripción general sobre los diferentes tipos de sacrificios u ofrendas que se realizaban en la antigüedad. Cada sacrificio tenía su razón de ser, y se realizaban en momentos específicos. Aunque no es el tema primordial de este libro, veamos brevemente los diferentes tipos de sacrificios que se realizaban:

· *Olah* (ofrenda elevada): Este tipo de ofrenda era consumido totalmente por el fuego.

· *Minjah* (ofrenda de harina): Este tipo de ofrenda no contenía levadura ni miel. Una parte era consumida al fuego, y la otra parte la consumían Aharón y sus hijos.

· *Shelamim* (ofrenda de paz): Esta ofrenda animal generalmente se ofrecía en agradecimiento o celebración por algún acontecimiento especial. Una parte era consumida al fuego, y la otra parte era consumida por la persona que la ofrecía, su familia y/o amigos, no más tarde del segundo día después de ofrecerse (Levítico 19:5-7).

- *Jatat* (ofrenda por falta involuntaria): Esta ofrenda se realizaba para expiación de las faltas cometidas sin darse cuenta o sin saberlo.

- *Asham* (ofrenda por la culpa): Esta ofrenda se realizaba cuando la persona incurría en transgresión, sin saberlo al momento y/o sin intención premeditada, pero luego se percataba de su transgresión y se arrepentía.

El sacrificio de *Pésaj* era, por naturaleza, una ofrenda de tipo *Shelamim*. La misma se realizaba con el motivo de conmemorar la noche en que el pueblo hebreo salió de Egipto favorecido por la mano poderosa de Yahweh.

La cena memorial de *Pésaj* se realizaba (y aún se realiza, aunque de manera distinta) el día 14 del mes de *Abib* en la tarde, justo antes de la puesta del sol que marca el inicio del día 15 del mes. A continuación una descripción general de la forma en la cual se debía realizar la ofrenda y la cena memorial del *Pésaj* en la época en que aún existía el templo de Jerusalem:

- El día 10 del mes de *Abib*, se escogía un cordero para la cena (Éxodo 12:3-4). El mismo debía ser macho y no podía tener defectos (Éxodo 12:5).

- El día 14 de *Abib*, el cordero escogido era sacrificado como ofrenda *Shelamim* en el templo de Jerusalem (Éxodo 12:6, Deuteronomio 16:2,5-6). Es importante notar que el *Pésaj*, al igual que todo sacrificio u ofrenda, solo se podía ofrecer en el templo de Jerusalem –el lugar que Yahweh escogió para hacer habitar allí su nombre

(Deuteronomio 12:11, 16:6, 1 Reyes 11:36, 14:21, 2 Crónicas 33:4, Salmos 132:13). Cualquier sacrificio hecho en otro lugar que no fuera el templo de Jerusalem era inválido y constituía una desobediencia a las instrucciones de Yahweh.

- En la noche, se consumía el resto del cordero, el cual debía ser asado al fuego. La cena memorial también incluía panes sin levadura[5] y hierbas amargas (Éxodo 12:8-10).

La frase "entre las dos tardes", mencionada en Éxodo 12:6, merece especial atención. En el calendario hebreo la tarde se divide en dos: *tsohorayim*, que se refiere la parte del día que comprende desde el mediodía hasta media tarde, y *érev*, que comprende desde la media tarde hasta el anochecer. La frase *entre las dos tardes* hace referencia al período de transición entre *tsohorayim* y *érev*, lo cual ocurre aproximadamente a las tres de la tarde. En efecto, el historiador judío Alfred Edersheim, al hablar sobre el sacrificio diario de la tarde en su libro *El Templo: Su Ministerio y Servicios en Tiempos de Cristo*, nos indica que "por lo general, era inmolado a las 2:30 de la tarde y ofrecido alrededor de las 3:30 de la tarde" (p.242). En el mismo libro, Edersheim también nos indica que el 14 de *Abib* el sacrificio de la tarde se adelantaba dos horas para poder realizar el sacrificio del cordero del *Pésaj* en el momento correcto: "Según el Talmud, el sacrificio

---

5   La cena memorial de *Pésaj* también marca el inicio de la celebración de *Matsot* –la Fiesta de los Panes sin Levadura. Sobre esa celebración se hablará en el próximo capítulo.

---

diario de la tarde precede al del cordero de la Pascua"
(p.242). Todo esto confirma que cuando la Escritura
habla de "las dos tardes", sin lugar a dudas se refiere a
aproximadamente las 3:00 de la tarde, momento en el
cual Yahweh ordenó que se inmolara o sacrificara el
cordero pascual en el templo.

El Mesías en el Pésaj

El sacrificio del *Pésaj* señala directamente al Mesías
Yeshúa. Él es el centro y la razón de ser del *Pésaj*.
Shaúl (Pablo) lo confirma al referirse al Mesías como
nuestra pascua:

> "Limpien pues la vieja levadura, para que sean
> nueva masa, como son sin levadura: porque
> nuestra pascua, que es el Mesías, fue sacrificada
> por nosotros." 1 Corintios 5:7 (RVR2016)

Esto no es un invento de Shaúl. Para empezar, la
muerte del Mesías coincide con el momento en que se
sacrificaba el cordero de *Pésaj* en el templo. Ya
habíamos mencionado que el cordero era sacrificado
"entre las dos tardes" (Éxodo 12:6), lo cual corresponde
aproximadamente a las 3:00 de la tarde (o las 15 horas).
No es casualidad que la Escritura mencione la hora
exacta en la cual Yeshúa murió, como evidencia de que
el Mesías estaba siendo sacrificado como el cordero
pascual:

> "*Como a la hora novena,* Yahoshúa exclamó en
> alta voz: "¡Elí, Elí! ¿Lemá shebakhtáni?"* (que

significa: Elohim mío, Elohim mío, ¿por qué me has desamparado?) Cuando algunos de los que estaban allí lo oyeron, dijeron: "Ese está llamando a Eliyah". Y enseguida uno de ellos corrió, cogió una esponja, la llenó de vinagre, y poniéndola en una vara, le dio de beber. Pero otros decían: "Déjalo, vamos a ver si viene Eliyah a librarlo. Pero Yahoshúa clamó otra vez en alta voz y entregó el espíritu." Mateo 27:46-50 (VIN2015)

¿Por qué se menciona como "la hora novena" y no simplemente las 3:00 de la tarde o las 15 horas? Esto es en referencia a la hora en que se estimaba que salía el sol, lo cual corresponde a aproximadamente las 6:00 de la mañana. Contando desde esa hora, las 3:00 de la tarde (15 horas) sería la hora novena. De hecho, el historiador judío Yosef ben Matityahu, comúnmente conocido como Flavio Josefo, nos indica en su obra literaria *La Guerra de los Judíos* que los corderos pascuales eran sacrificados "desde la novena hasta la undécima hora" (libro 6, capítulo 9, sección 3), lo cual equivale aproximadamente al período comprendido entre las 3:00 y las 5:00 de la tarde. Este dato es una evidencia más de que, sin duda, Yeshúa estaba tomando el lugar del cordero pascual al momento de morir.

Las frecuentes referencias al Mesías como "Cordero inmolado" en el libro de Revelaciones son un recordatorio constante del rol del Mesías en el *Pésaj*:

"Y miré; y he aquí en medio del trono y de los cuatro animales, y en medio de los ancianos, estaba un Cordero como inmolado, que tenía siete cuernos, y siete ojos, que son los siete espíritus del Poderoso enviados en toda la tierra." Revelaciones 5:6 (RVR2016)

"Que decían en alta voz: El Cordero que fue inmolado es digno de recibir el poder y riquezas y sabiduría, y fortaleza y honra y gloria y alabanza." Revelaciones 5:12 (RVR2016)

¿Qué hace tan especial el sacrificio del mesías como cordero pascual? ¿Y por qué era necesario un sacrificio como el que hizo el Mesías, si ya existía el sacrificio de *Pésaj*? En primer lugar, para entender este detalle debemos tener claro la razón de los sacrificios de animales. Según la Escritura, toda falta cometida requiere derramamiento de sangre para ser perdonada:

"pues según la Torah casi todo se purifica con sangre, y sin derramamiento de sangre no hay perdón." Hebreos 9:22 (VIN2015)

Este principio fue establecido por el Todopoderoso, el cual nos enseña que en la sangre está la vida:

"Porque la vida de la carne en la sangre está: y yo se la he dado a ustedes para expiar sus personas sobre el altar: por lo cual la misma sangre expiará la persona." Levítico 17:11 (RVR2016)

Cada vez que se sacrificaba una víctima y se derramaba su sangre, esa víctima estaba asumiendo la culpa por la falta cometida en sustitución a la persona que originalmente cometía la misma. Esta víctima tenía que ser sin defecto ni falta:

"De su voluntad ofrecerán macho sin defecto de entre las vacas, de entre los corderos, o de entre las cabras. Ninguna cosa en que haya falta ofrecerán, porque no será acepto por ustedes." Levítico 22:19-20 (RVR2016)

El problema con los sacrificios –incluyendo el de *Pésaj*– era que estaban limitados a cubrir las faltas o pecados de ese momento. El sacrificio de esa víctima era válido solo por esa vez, ya que luego de su muerte no había nada más que esa víctima pudiera ofrecer por el infractor. Esa limitación requería que constantemente los israelitas realizaran sacrificios en expiación por sus pecados. Sin embargo, el sacrificio del Mesías fue diferente, como nos lo explica el libro de Hebreos:

"Y no para ofrecerse muchas veces a sí mismo, como entra el sumo sacerdote en el santuario cada año[6] con sangre ajena; De otra manera fuera necesario que hubiera padecido muchas veces desde el principio del mundo: mas ahora una vez en la consumación de los siglos, para deshacer el pecado se presentó por el sacrificio de sí mismo. Y de la manera que está establecido a los hombres que mueran una vez, y después el juicio; Así

---

6 Este verso se refiere directamente al sacrificio efectuado anualmente en la celebración de *Yom Kipur*, de la cual hablaremos más adelante. Sin embargo, siendo que la muerte del Mesías ocurre dentro del contexto de *Pésaj*, la enseñanza contenida en estos versos también aplica en este caso.

---

también el Mesías fue ofrecido una vez para agotar los pecados de muchos" Hebreos 9:25-28 (RVR2016)

En otras palabras, mientras el sacrificio pascual tenía que hacerse anualmente (y otros tipos de sacrificios de expiación tenían que repetirse constantemente), el sacrificio del Mesías trasciende estas limitaciones, ya que se ofreció una vez y para siempre, sin necesidad de repetirse. Toda víctima sacrificada –fuera hombre o animal– moría una sola vez. Pero el hecho de que el Mesías fue resucitado es una "excepción a la regla", la cual hace de su sacrificio uno válido y vigente por siempre.

No cabe duda: Yeshúa es nuestro cordero pascual, quien ya fue sacrificado por nuestros pecados. A través de su sacrificio –hecho una vez y para siempre– obtenemos el perdón por nuestras faltas. Al aceptarlo como Mesías y reconocer su sacrificio, simbólicamente él toma nuestro lugar como víctima de sacrificio por nuestras faltas. Y a la misma vez su sangre marca el dintel de nuestro corazón, identificándonos como propiedad suya y librándonos de la muerte.

Pésaj vs. Santa Cena (Eucaristía)

Al hablar de la cena memorial de *Pésaj*, muchos la asocian con la *Santa Cena* –también conocida como la *Eucaristía* o la *Cena del Señor*– pensando que se trata de la misma celebración. Sin embargo, la realidad es que la *Santa Cena* es producto de una interpretación errada de la cena memorial de *Pésaj*, la cual se ha desviado de la intención original de esta celebración bíblica.

La iglesia católica enseña que la *Eucaristía* o *Santa Cena* fue instituida por el Mesías durante su última cena con sus discípulos, cuando dijo:

"Y tomando el pan, habiendo dado gracias, partió, y les dio, diciendo: Esto es mi cuerpo, que por ustedes es dado: hagan esto en memoria mía. Asimismo también la copa, después que hubo cenado, diciendo: Esta copa es el nuevo pacto en mi sangre, que por ustedes se derrama." Lucas 22:19-20 (RVR2016)

La *Eucaristía* es considerada por la iglesia católica como uno de los más importantes sacramentos. La *Enciclopedia Católica Online*, en su artículo sobre la *Eucaristía*, nos dice lo siguiente:

La Iglesia honra a la Eucaristía como a uno de sus misterios más altos, puesto que por su sublimidad e incomprensibilidad no desmerece en nada de los conexos misterios de la Santísima Trinidad y la Encarnación. Estos tres misterios constituyen una tríada maravillosa, que muestra la característica esencial del cristianismo, como una religión de misterios que trascienden en mucho a las capacidades de la razón, para resplandecer con todo su brillo y esplendor, y eleva al catolicismo, el más fiel guardián y conservador de nuestra herencia cristiana, muy por encima de todas las religiones paganas y no cristianas.

Este acto es considerado un sublime misterio cuya importancia lo pone –según la iglesia católica– a la par con las doctrinas de la Trinidad y la Encarnación, según descrito en el artículo antes mencionado:

Así la Trinidad, la Encarnación y la Eucaristía están efectivamente soldadas como una preciosa cadena, que de manera maravillosa liga al cielo con la tierra, a Dios con el hombre, uniéndoles más íntimamente y manteniéndoles así unidos. Por el mismo hecho que el misterio de la Eucaristía trasciende a la razón, ningún teólogo católico puede intentar ninguna explicación racionalista de ella, basada en una hipótesis meramente natural ni buscar comprender una de las más sublimes verdades de la religión cristiana como la conclusión espontánea de procesos lógicos.

Uno de los misterios que encierra la *Eucaristía* es la doctrina de la transubstanciación, la cual sostiene que al ingerir el pan y el vino durante la cena estos se transforman *literalmente* en el cuerpo y la sangre del Mesías. Sin embargo, esta doctrina no solo carece de fundamento bíblico, sino que contradice lo que la misma *Torah* establece sobre el ingerir sangre:

"Además, ninguna sangre comerán en todas sus habitaciones, así de aves como de bestias. Cualquiera persona que comiere alguna sangre, la tal persona será cortada de sus pueblos." Levítico 7:26-27 (RVR2016)

"Solamente que te esfuerces a no comer sangre: porque la sangre es el alma; y no has de comer el alma juntamente con su carne. No la comerás: en tierra la derramarás como agua. No comerás de ella; para que te vaya bien a ti, y a tus hijos después de ti, cuando hicieres lo recto en ojos de Yahweh." Deuteronomio 12:23-25 (RVR2016)

"Sino escribirles que se aparten de las contaminaciones de los ídolos, y de fornicación, y de ahogado, *y de sangre*." Hechos 15:20 (RVR2016)

El último verso citado merece especial atención, ya que representa la práctica de los creyentes del primer siglo después de que Yeshúa ascendiera a los cielos. Es evidencia de la validez de la *Torah* después de la resurrección del Mesías.

La *Eucaristía*, junto con la doctrina de la transubstanciación y también la consubstanciación – doctrina que sostiene que el cuerpo y la sangre del Mesías coexisten junto con los elementos del pan y el vino– son ideologías que carecen de fundamento en la *Torah*. No hay sentido alguno en que Yahweh ordene no consumir sangre alguna, para luego cambiar de opinión y establecer un ritual en el cual se esté consumiendo la sangre del Mesías, contradiciendo su propia Palabra. Cuando Yeshúa dijo "este es mi cuerpo" y "esta es mi sangre", es claro que no lo dijo en sentido literal, sino simbólico, queriendo transmitir una verdad muy sublime: que a través del sacrificio de su cuerpo y el derramamiento de su sangre (una alusión directa a los sacrificios de expiación por los pecados) su pueblo Israel sería redimido una vez y para siempre.

Otro problema con la *Eucaristía* es lo distanciada y desvinculada que está de las instrucciones de la *Torah* respecto a la celebración del sacrificio del *Pésaj*. Por lo general la *Eucaristía* es celebrada mensual o semanalmente en la mayoría de las iglesias. Sin embargo, la *Torah* nos indica que el *Pésaj* es celebrado una vez al año. Este detalle separa a la *Eucaristía* del contexto original del *Pésaj* y por naturaleza la convierte en otra celebración diferente. Y si a esto le añadimos la doctrina de la transubstanciación, al final tenemos una celebración totalmente diferente –tanto en sus bases doctrinales como en su fecha de celebración. Básicamente es el mismo error que cometió Jarovam (Jeroboam) cuando instituyó celebraciones sin fundamento en la Escritura (1 Reyes 12, 13).

Sencillamente, la *Santa Cena* o *Eucaristía* es una celebración que por naturaleza está muy lejos de la celebración del *Pésaj*. Es una celebración totalmente diferente y ajena a la Escritura, la cual no se debe confundir con la celebración bíblica del *Pésaj*.

Celebrando la cena memorial de Pésaj

Antes de comenzar a hablar sobre cómo celebrar la cena de *Pésaj*, es importante mencionar que esta cena es un *memorial*. Es decir, es una conmemoración simbólica de lo que sucedió en Egipto y, para los que hemos recibido a Yeshúa como el Mesías, una conmemoración de su sacrificio por nosotros. Actualmente, esta celebración *no* es un sacrificio u ofrenda que se ofrece a Yahweh. Aquellos que hemos recibido a Yeshúa como el mesías sabemos que él es nuestro cordero pascual, el cual ya fue sacrificado por nosotros (1 Corintios 5:7), por lo que no hay necesidad de efectuar otro sacrificio u ofrenda.

La cena de *Pésaj* se celebra generalmente justo antes de la puesta del sol del día 14 del primer mes del calendario bíblico-hebreo. La misma consiste de una cena simbólica en la cual se incluyen ciertos elementos mencionados en la Escritura y algunos elementos tradicionales. A continuación una descripción general de estos elementos:

Pan sin Levadura

Dado el hecho de que la cena de *Pésaj* marca también el inicio de la celebración de la Fiesta de los Panes sin levadura (*Matsot*), es necesario preparar de antemano (o conseguir ya preparado) pan sin levadura, de modo que se cumpla con este mandamiento. El pan sin levadura es parte de la ceremonia de *Pésaj*, y también se consume posteriormente por una semana (durante el tiempo que dura la Fiesta de *Matsot*). En el contexto de esta celebración, la levadura es símbolo de varias cosas: el orgullo, el pecado y la falsa enseñanza o doctrina. El consumir pan sin levadura nos enseña que debemos limpiar nuestra vida del orgullo, el pecado y la falsa doctrina.

Hierbas Amargas

En la antigüedad, Yahweh ordenó a los israelitas

consumir el cordero de pascua con hierbas amargas (en hebreo, *maror*). Hoy día no consumimos cordero, ya que entendemos que el mesías Yeshúa es nuestro cordero pascual. Sin embargo, se incluyen las hierbas amargas dentro de la ceremonia de *Pésaj* como un recordatorio simbólico de la amargura que experimentó el pueblo de Israel mientras estuvo bajo cautividad en Egipto. En adición, es un recordatorio para nosotros de la cautividad que experimentamos cuando vivíamos en el pecado, antes de recibir al mesías Yeshúa y a través de él ser hechos parte del pueblo israelita de Yahweh.

El término hebreo *maror* (hierbas amargas) no especifica algún tipo de hierba en particular. Por lo tanto, se puede utilizar vegetales como el apio, rábano, perejil o incluso lechuga.

Vino o Jugo de Uva

Otro elemento importante en la cena del *Pésaj* es el fruto de la vid. Generalmente se utiliza vino tinto (con mucha moderación) o jugo de uva.

La tradición judía acostumbra a utilizar cuatro copas de vino durante la ceremonia: la copa de la santificación, la copa del juicio, la copa de la redención y la copa de la alabanza; cuyos nombres se obtienen de Éxodo 6:6. Sin embargo, históricamente la ceremonia antigua solo incluía dos copas: la copa de la santificación y la copa de la redención (nueva alianza). Por esta razón, recomendamos seguir la costumbre antigua original.

Relato Histórico del *Pésaj*

Basándose en el mandato encontrado en Éxodo 12:25-27, la ceremonia de la cena de *Pésaj* incluye un relato breve de la historia del evento en el cual está basado. El mismo puede ser leído por una persona, o realizarse de forma interactiva entre los participantes de la cena.

Cena de *Pésaj*

Por supuesto, la ceremonia estaría incompleta sin una cena. Los ingredientes de la misma quedan a discreción de la familia o grupo que celebra la cena, salvo que no se debe consumir cordero por las razones expuestas previamente. La idea es compartir y disfrutar en conmemoración de los eventos que dan base a esta celebración.

Cánticos Tradicionales

Como parte de la ceremonia, se entonan diversos cánticos tradicionales asociados a esta celebración. Algunos de los cánticos más conocidos son *Dayenú* (Nos Basta) y *Baja Moisés* (este último es un canto espiritual negro del siglo 19 adoptado por la tradición judía). Diversas versiones de estos cánticos, y otros asociados a la celebración del *Pésaj*, pueden ser encontrados en Internet. Pero en última instancia pueden ser sustituidos por otros cánticos apropiados.

Los elementos antes mencionados componen la celebración de *Pésaj*. Para conveniencia del lector, se incluye en el apéndice de este libro un programa de celebración de *Pésaj*, el cual fue elaborado por el maestro José Álvarez (Yosef). Puede utilizar el mismo como programa para su celebración de *Pésaj* o como modelo para elaborar su propio programa.

Elementos de la tradición judía

En adición a los elementos mencionados en la Escritura, existen algunos elementos que se han añadido a través del tiempo a la celebración del *Pésaj*. Ya hemos mencionado algunos, como los cánticos tradicionales y las cuatro copas. Al considerar estos elementos, es importante entender que no hay maldad en incluir elementos provenientes de la tradición en las celebraciones bíblicas. El problema real surge si ese elemento tradicional contradice lo establecido en la Escritura, en cuyo caso habría que desecharlo.

Analicemos algunos de los elementos añadidos por la tradición judía a la cena de *Pésaj*:

Hueso de Cordero

Como parte de la ceremonia tradicional judía, se utiliza un hueso de cordero en símbolo del sacrificio que se hacía cuando el templo existía. Sin embargo, los que hemos recibido al mesías Yeshúa nuestro el cordero pascual no debemos utilizar este elemento en la ceremonia de *Pésaj*. Como se había explicado previamente, la celebración de la cena de *Pésaj* es una conmemoración simbólica y no utilizamos cordero o hueso de cordero como parte de la misma, ya que si utilizamos un hueso de cordero estaríamos negando el sacrificio del Mesías como cordero pascual[7].

---

7   Recordemos que la mayoría de los judíos no aceptan a Yeshúa como el Mesías. Por lo tanto, utilizan el hueso de cordero en

Beitzah (Huevo)

La tradición judía también incluye un huevo como parte de la ceremonia. Algunos dicen que el huevo simboliza el *Qorbán Jaguigah* –un tipo de ofrenda adicional que se presentaba al inicio de cada una de las tres épocas de celebración bíblica. Otros dicen que simboliza la destrucción del templo en el primer siglo, y lo usan en sustitución del hueso de cordero ya que no es posible hacer sacrificios hoy día (debido a que el templo no existe). Y aún otros dicen que representa al pueblo judío, quien a pesar de la persecución se hace más fuerte al pasar el tiempo (similar al huevo, que mientras más se cocina, más se endurece). La realidad es que no hay evidencia en la Escritura del uso del huevo en la ceremonia del *Pésaj*. Incluso, se cree que el huevo se añadió posteriormente como producto de la influencia pagana de la celebración de *Easter*. Debido a esto, y a la falta de evidencia bíblica para sustentar su uso, se recomienda no utilizarlo.

Afikomén

El *afikomén* (término que significa *lo que viene después* o *postre*) es un pedazo de pan sin levadura que se esconde durante la ceremonia tradicional del *Pésaj* y luego se consume como postre luego de la cena principal. Los judíos ortodoxos consideran el *afikomén* como un sustituto del cordero de *Pésaj*, ya que no les es

---

conmemoración del sacrificio que se hacía en el templo, lo cual desde su punto de vista es el único sacrificio válido. Si un creyente en el Mesías utiliza un hueso de cordero en la cena de *Pésaj*, lo que está haciendo es descalificando simbólicamente la validez del sacrificio del Mesías.

posible hacer sacrificios debido a la ausencia del templo. En cambio, los creyentes en el Mesías consideran el *afikomén* como un símbolo del cuerpo del Mesías, y el hecho de esconderse durante la cena es símbolo de los tres días y tres noches que estuvo "escondido" el cuerpo del Mesías durante su muerte.

La Escritura no menciona el *afikomén* como tal. Esta costumbre es producto de la tradición, y no todos los judíos la observan. Sin embargo, tampoco hay mal en observarla siempre y cuando se haga como símbolo del cuerpo del Mesías y no en sustitución del cordero de *Pésaj*.

Pésaj Shení

La Escritura nos indica la fecha exacta para la celebración del *Pésaj*, la cual ya ha sido discutida previamente. Sin embargo, para aquellos que por alguna razón no tuvieron la oportunidad de celebrarla en la fecha indicada, la Escritura establece una segunda fecha:

"Háblale al pueblo yisraelita, y dile: Cuando alguno de ustedes o de su posteridad que esté contaminado por un cadáver o esté en un viaje largo quiera ofrecer un sacrificio de Pésaj a Yahweh, lo ofrecerá en el segundo mes, el día catorce del mes, al atardecer. Lo comerán con pan sin levadura y hierbas amargas, y no dejarán nada de él hasta la mañana. No le quebrarán ningún hueso. Lo ofrecerán en estricta armonía con la ley del sacrificio de Pésaj." Números 9:10-12

(VIN2015)

Esto se conoce como *Pésaj Shení* (Segunda Pascua) y debe celebrarse al caer la tarde del día 14 del segundo mes del calendario hebreo. Las instrucciones para celebrar el *Pésaj Shení* son las mismas que el primer *Pésaj*.

Conclusión

La cena memorial de *Pésaj* es una celebración llena de mucho significado. Y para los creyentes en el mesías Yeshúa, esta celebración toma un sentido aún más completo, pues vemos en el Mesías el cumplimiento de lo predicho por los profetas de la antigüedad respecto a la redención de Israel.

Con este entendimiento, preparémonos para profundizar todavía más en esta figura de redención al estudiar la celebración de *Matsot* (Panes sin Levadura), la cual está vinculada a la celebración de *Pésaj*, no solo en fecha, sino en significado.

Preguntas para repaso y estudio

1. ¿En qué fecha debe ser celebrada la cena memorial de *Pésaj* de acuerdo al calendario bíblico-hebreo?

2. ¿Qué significa el término hebreo *Pésaj*?

3. ¿Qué evento de la historia de Israel recuerda la

cena memorial de *Pésaj*?

4. La Escritura especifica 5 tipos de sacrificios u ofrendas. ¿Dentro de qué tipo cae el sacrificio de *Pésaj*?

5. ¿Qué significa la frase "entre las dos tardes"?

6. ¿Cómo el sacrificio de *Pésaj* está vinculado al Mesías? Explique y ofrezca evidencia bíblica.

7. ¿*Pésaj* es lo mismo que la Eucaristía o Santa Cena? Explique.

8. ¿Qué significado tienen las hierbas amargas en *Pésaj*?

9. ¿Es incorrecto incluir elementos de la tradición judía en la celebración del *Pésaj*? Explique y mencione ejemplos.

10. ¿Qué es el *Pésaj Shení*?

La Fiesta de los Panes sin Levadura

"Y a los quince días de este mes es la solemnidad de los ázimos a Yahweh: siete días comerán ázimos. El primer día tendrán santa convocación: ninguna obra servil harán. Y ofrecerán a Yahweh siete días ofrenda encendida: el séptimo día será santa convocación; ninguna obra servil harán." Levítico 23:6-8 (RVR2016)

La Fiesta de los Panes sin Levadura (en hebreo *Jag HaMatsot*) o Fiesta de los Panes Ázimos[8] es una celebración bíblica que está vinculada al *Pésaj*, tanto en su fecha como en significado, pues la cena de *Pésaj* marca el inicio de la Fiesta de *Matsot* (Panes sin Levadura). Este vínculo es tan fuerte que los judíos del primer siglo (e incluso antes del primer siglo) consideraban la celebración de *Pésaj* y *Matsot* como si fuera una sola celebración. Ambos términos *Pascua* y *Fiesta de los Panes sin Levadura* eran usados frecuentemente para referirse a todo el período que comprende la Pascua y la Fiesta de los Panes sin Levadura (o sea, ambas celebraciones juntas). Las dos están tan cerca la una de la otra que, según nos narra Alfred Edersheim en su libro *El templo: Su ministerio y servicios en tiempos de Cristo*, "por su estrecha relación se las trata generalmente como una sola . . . y Josefo, en una ocasión, incluso la describe como «una fiesta de

---

8   *Ázimos* proviene del término griego *ázumos* (#106 en el diccionario de Griego *Strong*) el cual significa *sin levadura*.

ocho días⁹»." (Edersheim, p. 227). Lucas 22:1 confirma el testimonio de Edersheim: "Y estaba cerca el día de la fiesta de los ázimos, *que se llama la Pascua.*" (RVR2016). También podemos encontrar evidencia de esto en Ezequiel 45:21 "El mes primero, a los catorce días del mes, tendrán *la pascua, fiesta de siete días*: se comerá pan sin levadura." (RVR2016).

Esta celebración, instituida desde la salida del pueblo de Israel en Egipto, aún seguía observándose luego de la resurrección del Mesías. Tenemos evidencia de esto en Hechos 20:6:

"Y nosotros, *pasados los días de los panes sin levadura*, navegamos de Filipos y vinimos a ellos a Troas en cinco días, donde estuvimos siete días." (RVR2016)

Este verso nos indica que Lucas y sus acompañantes esperaron a que pasara la fiesta para continuar sus viajes, por lo que podemos deducir que los discípulos continuaron observando esta celebración aún luego de la resurrección y ascensión del Mesías. En adición, de acuerdo a la costumbre de los judíos de referirse a *Pésaj* y *Matsot* como si fuera una fiesta, podemos inferir que este verso está aludiendo a ambas celebraciones.

---

9 Aunque la fiesta duraba en sí siete días, los judíos incluían el día de la preparación (el día antes del inicio de la fiesta) como parte de la misma. Por esta razón se menciona como una "fiesta de ocho días".

Instrucciones generales sobre Matsot

Como bien indica su nombre, el mandamiento principal que da base a esta celebración consiste en abstenerse de comer productos leudados durante la celebración de la misma (7 días). Esto no está limitado al pan, sino a todo producto que contenga levadura (tortas, galletas, pasteles, etc.):

> "En el mes primero, el día catorce del mes por la tarde, comerán los panes sin levadura, hasta el veintiuno del mes por la tarde. Por siete días no se hallará levadura en sus casas, porque cualquiera que comiere leudado, tanto extranjero como natural del país, aquella alma será cortada de la congregación de Israel. _Ninguna cosa leudada comerán_; en todas sus habitaciones comerán panes sin levadura." Éxodo 12:18-20 (RVR2016)

En adición, el primer día de la fiesta, y el séptimo día son observados como días de reposo. Durante esos dos días, no se realiza trabajo alguno.

El significado espiritual de la levadura

En el contexto de la Fiesta de los Panes sin Levadura, la levadura nos habla del orgullo y el pecado[10]. Shaúl (Pablo) nos ilustra este concepto en su

10 Hago esta aclaración porque la levadura no siempre se utiliza como símbolo del pecado y el orgullo. Por ejemplo, en Mateo 13:33, el

exhortación a los corintios:

"No es buena la jactancia de ustedes. ¿No saben que un poco de levadura leuda toda la masa? Limpien pues la vieja levadura, para que sean nueva masa, como son sin levadura: porque nuestra pascua, que es el Mesías, fue sacrificada por nosotros. Así que hagamos fiesta, no en la vieja levadura, ni en la levadura de malicia y de maldad, sino en ázimos de sinceridad y de verdad." 1 Corintios 5:6-8 (RVR2016)

Al igual que la levadura tiene el efecto de hacer elevar la masa a la cual se aplica, el pecado con frecuencia nos "infla", convirtiéndonos en personas orgullosas. Muchas veces este orgullo no nos deja aceptar nuestras propias faltas, y continuamos viviendo nuestra vida como si todo estuviera bien.

En adición al orgullo y el pecado, Yeshúa también menciona otro tipo de levadura de la cual debemos apartarnos y limpiarnos:

"Entonces Yahoshúa les dijo: 'Miren, cuídense de la levadura de los fariseos y de los saduceos'...Entonces entendieron que no les habló de cuidarse de la levadura del pan, sino más bien de la enseñanza de los fariseos y de los saduceos." Mateo 16:6,12 (VIN2015)

Con frecuencia, Yeshúa reprendió duramente a los

---

mesías Yeshúa utilizó la levadura como símbolo del reino de los cielos.

fariseos, los saduceos y maestros de Torah de la época por sus enseñanzas erradas –fundamentadas en sus propias opiniones y no en la *Torah*– pues a través de ellas "cargan a los hombres con cargas que no pueden llevar; mas ustedes ni aun con un dedo tocan las cargas." Lucas 11:46 (RVR2016). Lamentablemente, este tipo de "levadura" aún persiste hasta nuestros días en la forma de falsas enseñanzas y falsas doctrinas sin fundamento bíblico real. Si no tenemos cuidado, la misma tiene el potencial de dañar nuestra vida.

Por consiguiente, la celebración de *Matsot* es una exhortación a realizar una autoevaluación de nuestra vida y nuestras actitudes. ¿Hay orgullo en nuestra vida? ¿Hay pecado en nuestra vida? ¿Estamos fundamentando nuestra fe en falsas enseñanzas o doctrinas de hombre? Si es así, esta celebración es un buen momento para tomar la decisión de remover esa levadura que no debe estar ahí: pedir perdón por nuestras faltas, comprometernos a cambiar nuestra actitud orgullosa y/o alejarnos de las enseñanzas y doctrinas erradas. Solo así el sacrificio del mesías Yeshúa se hace realidad a plenitud en nuestra vida.

Limpiando nuestro hogar de la levadura

Como parte de los preparativos que se realizan para la celebración de la Fiesta de los Panes sin Levadura, es necesario eliminar de nuestra casa todo producto que contenga levadura. Algunas familias aprovechan esta oportunidad para realizar una limpieza general de la casa y así asegurarse de que no queden restos de levadura en la casa. Esta costumbre de limpiar toda la casa no es un mandato de la Escritura, pero es recomendable y apropiado para todos aquellos que puedan hacerlo.

La Búsqueda del *Jamets*

El día antes del comienzo de la Fiesta de los Panes sin Levadura, algunos acostumbran a llevar a cabo una antigua tradición que se conoce como la búsqueda del *jamets* (término hebreo que hace referencia a los alimentos leudados). En esta antigua tradición, la dama del hogar esconde (o deja a propósito cuando limpia la casa) pedazos de alimentos con levadura en diversos rincones de la casa. Posteriormente los niños, acompañados del padre del hogar, se encargan de buscarlos todos hasta encontrarlos.

Aunque la Escritura sí nos instruye a eliminar todo lo leudado de nuestras casas antes que inicie la fiesta (Éxodo 12:15), este ritual de la búsqueda del *jamets* no es un mandato, sino una actividad producto de la tradición judía. No obstante, esta tradición en nada contradice la Escritura, por lo que no hay maldad en seguirla si así se desea. Incluso, es una magnífica forma de enseñar a los niños sobre el significado espiritual de la Fiesta de los Panes sin Levadura.

Celebrando la Fiesta de los Panes sin Levadura

Como se había mencionado antes, el primer paso para celebrar la Fiesta de los Panes sin levadura es sacar la levadura de nuestros hogares, y abstenerse de consumir levadura durante los siete días que dura la fiesta. Esto es un acto físico simbólico que nos enseña una realidad espiritual abstracta[11]. Al abstenernos de levadura por siete días, debemos meditar en la condición de nuestra vida, y limpiarnos de cualquier tipo de "levadura" que en ella pueda haber.

En adición a abstenernos de levadura, la Escritura nos instruye a consumir pan ázimo (pan sin levadura) durante los siete días de la fiesta:

"Y a los quince días de este mes es la solemnidad de los ázimos a Yahweh: siete días comerán ázimos." Levítico 23:6 (RVR2016)

El pan sin levadura se puede conseguir en algunas panaderías. También existen tiendas en Internet que venden el pan sin levadura que utilizan muchos grupos judíos, el cual es similar a una galleta. Por otro lado, usted puede hacer pan sin levadura en su casa para consumir durante esa semana. En la sección de apéndices de este libro encontrará una receta para hacer *matsah* o pan sin levadura.

La Fiesta de *Matsot* se inicia el día 15 del primer mes en el calendario hebreo, y dura por siete días. El primer día y séptimo día de la fiesta son días de reposo, lo cual significa que debemos abstenernos de realizar

---

11 Si analizamos las celebraciones en forma general, todas envuelven actos físicos que nos transmiten realidades espirituales abstractas. Es la forma maravillosa y efectiva que escogió el Creador para enseñarnos los fundamentos de su Palabra: asociar las realidades espirituales a eventos físicos y naturales, de forma que los podamos comprender.

trabajo en los mismos. En general, las mismas instrucciones que aplican para el *shabat* aplican para estos días, excepto que es permitido cocinar los alimentos a consumirse (Éxodo 12:16). Es importante recordar que, al igual que el *shabat* o día de reposo semanal, los días de reposo festivos se observan desde la puesta del sol del día anterior hasta la puesta del sol del día correspondiente.

El inicio del primer día de la celebración coincide con la celebración de la cena de *Pésaj*. En otras palabras, la cena de *Pésaj* marca el inicio de los siete días de la celebración de *Matsot*.

Durante la mañana o la tarde del primer y séptimo día de la celebración de *Matsot*, es recomendable reunirse en grupo con otros creyentes o familia (si son observantes de la *Torah* y comparten la misma fe) para observar esta celebración. La mayoría de los grupos o congregaciones observantes de la Torah se reúnen para tener un servicio de oración, cánticos, testimonios y/o estudio de la Escritura. Por lo general, los estudios ofrecidos son temas relacionados a esta celebración.

Conclusión

Junto con la celebración de *Pésaj*, la Fiesta de *Matsot* nos revela a mayor profundidad el rol de Yeshúa como el redentor y salvador. A través de su sacrificio como el cordero de *Pésaj* por excelencia, somos limpiados de todo tipo de levadura que pueda dañar nuestra vida.

Al celebrar esta fiesta, tengamos presente el profundo significado que tiene para nuestra vida. Y sobre todo, estemos dispuestos a limpiar nuestra vida de la vieja levadura que pueda haber. A través del mesías Yeshúa, nuestra pascua, podemos hacerlo.

Preguntas para repaso y estudio

1. ¿Qué duración tiene la Fiesta de los Panes sin Levadura?

2. ¿Por qué los judíos del primer siglo llamaban a la Pascua una "fiesta de ocho días"?

3. Luego de la resurrección y ascensión de Yeshúa a los cielos, ¿se continuó observando la Fiesta de *Matsot*?

4. ¿Cuál es la instrucción o mandato principal que da base a la Fiesta de los Panes sin Levadura?

5. ¿Cuántos días de reposo tiene esta celebración? ¿Cuáles son?

6. ¿Cuál es el significado de la levadura dentro del contexto de esta celebración?

La Fiesta de las Primicias

"Habla a los hijos de Israel, y diles: Cuando hubieren entrado ustedes en la tierra que yo les doy, y segaren su mies, traerán al sacerdote un ómer por primicia de los primeros frutos de su siega; El cual mecerá el ómer delante de Yahweh, para que sean aceptos: el siguiente día del sábado lo mecerá el sacerdote." Levítico 23:10-11 (RVR2016)

Como se había mencionado en un capítulo anterior, las celebraciones bíblicas están íntimamente relacionadas con la agricultura del pueblo israelita. La Fiesta de las Primicias (en hebreo, *Yom HaBikkurim*) es uno de los mejores ejemplo de esto, ya que la misma está centrada en las primicias de la cosecha de la cebada en Israel. En esta fiesta, el pueblo traía al templo las primicias en señal de agradecimiento por la provisión de alimento que el Altísimo había hecho para el pueblo.

Instrucciones generales sobre las primicias

El motivo central de la Fiesta de las Primicias era el ofrecimiento de los primeros frutos de la cosecha de la cebada. El pueblo traía al templo las primicias de los frutos en forma de una gavilla, acompañados de una ofrenda especial que consistía de un cordero de un año sin defecto (un holocausto o sacrificio *olah*), una ofrenda de harina mezclada con aceite (una ofrenda tipo *minjah*) y una libación[12] de vino. El sacerdote tomaba la gavilla y la mecía delante del Todopoderoso, en señal de aceptación de la ofrenda presentada.

La Escritura no indica una fecha exacta para esta celebración. Solo indica que debe celebrarse el día siguiente al día de reposo semanal (*shabat*). Por consiguiente, esta celebración siempre se realiza el domingo que sigue al primer *shabat* de la semana de la Fiesta de *Matsot*[13].

Es importante notar que esta celebración solo se llevó a cabo cuando el pueblo hebreo habitaba en la tierra de Israel. Mientras el pueblo estaba en el desierto, la misma no se podía llevar a cabo, pues aún el pueblo no había llegado a la tierra prometida. La Escritura nos aclara este punto:

Habla a los hijos de Israel, y diles: *Cuando hubieren entrado ustedes en la tierra que yo les doy, y segaren su mies...* " Levítico 23:10 (RVR2016)

Otro detalle importante sobre esta celebración es

12 Según el artículo correspondiente en Wikipedia, una libación es "un ritual religioso o ceremonia de la antigüedad que consistía en la aspersión de una bebida en ofrenda a un dios. Los líquidos ofrecidos en las libaciones eran variados, normalmente de vino sin mezclar, leche, miel, aceite y otros líquidos, incluso agua pura, que se vertían en el suelo."

13 La tradición judía establece que esta celebración se debe realizar el segundo día de la Fiesta de los Panes sin Levadura. Sin embargo, esa interpretación está errada por diversas razones. Para una explicación más detallada sobre el asunto, consulte el capítulo sobre la Fiesta de las Semanas.

que, a diferencia de otras, la Fiesta de las Primicias no es un día de reposo. Por lo tanto, es un día regular en el cual es permitido realizar trabajos y tareas cotidianas.

El Mesías como Primicia

La Fiesta de las Primicias, al igual que *Pésaj* y *Matsot,* señala a la figura del Mesías. La Escritura describe al mesías Yeshúa como primicia, el primero o el primogénito en diferentes contextos:

1. El primogénito de toda criatura: Colosenses 1:15
2. El primogénito del Padre: Hebreos 1:6
3. El primogénito de Miriam y Yosef (María y José): Mateo 1:23-25
4. El primogénito de los muertos: Colosenses 1:18, Revelaciones 1:5
5. El primogénito entre muchos hermanos: Romanos 8:29
6. El principio de la creación: Revelaciones 3:14
7. Las primicias de los que durmieron (murieron): 1 Corintios 15:20

Este último pasaje mencionando merece especial atención, pues conecta al Mesías directamente con la Fiesta de las Primicias:

"Mas ahora el Mesías ha sido resucitado de los muertos; primicias de los que durmieron es hecho. Porque por cuanto la muerte entró por un hombre, también por un hombre la resurrección de los muertos. Porque así como en Adam todos mueren, así también en el Mesías todos serán vivificados. Mas cada uno en su orden: el Mesías las primicias; luego los que son del Mesías, en su venida." 1 Corintios 15:20-23 (RVR2016)

Según la explicación que ofrece Shaúl (Pablo) en este pasaje, la resurrección de Yeshúa es una primicia de la resurrección postrera que sucederá cuando él regrese a reinar sobre la tierra. O sea, de la misma forma en que las primicias de la cosecha son un anticipo de la gran cosecha que se dará en el futuro, la resurrección del Mesías fue un anticipo de la gran resurrección que se dará al momento de su venida.

Curiosamente, la Escritura nos dice que, en el momento en el cual el Mesías fue resucitado, otros muertos también resucitaron con él, lo cual se puede interpretar como una primicia o anticipo de la gran resurrección que acontecerá en su segunda venida:

"Y se abrieron los sepulcros, y muchos cuerpos de santos que habían dormido, se levantaron; Y salidos de los sepulcros, después de la resurrección de él vinieron a la santa ciudad y aparecieron a muchos." Mateo 27:52-53 (RVR2016)

En adición a esto, cuando Miriam (María) Magdalena se encuentra con Yeshúa luego de su resurrección, él le dice que aún no ha subido al Padre (Juan 20:17). Esto se puede relacionar con la presentación de la gavilla en la Fiesta de las Primicias:

de la misma forma que el sumo sacerdote presentaba la gavilla ante el Padre, Yeshúa –en gran sumo sacerdote– sube al Padre y se presenta como la primicia de la resurrección.

De acuerdo a la evidencia bíblica que hemos presentado, es indiscutible que la resurrección del Mesías está vinculada con la celebración de la Fiesta de las Primicias. Esto completa un patrón perfecto en el plan de redención del Altísimo: Yeshúa muere durante la celebración de *Pésaj*, es sepultado justo antes del comienzo de *Matsot*, y es resucitado justo antes del día de la Fiesta de las Primicias.

Semana Santa y Domingo de Resurrección (Easter)

Al contemplar este perfecto patrón de redención trazado por el Altísimo, de primera instancia es fácil asociar todos estos eventos con la celebración de Semana Santa y Domingo de Resurrección (también conocido como *Easter* en inglés). Pero al igual que la Santa Cena está muy desviada de la Pascua original, la Semana Santa y Domingo de Resurrección están muy desviados del patrón bíblico original.

Para empezar, el patrón establecido para la Semana Santa sugiere que el Mesías murió un viernes y fue resucitado un domingo. Esta confusión es, en parte, producto de una mala interpretación de algunas de las narraciones sobre la muerte del Mesías, donde se menciona que su muerte ocurrió en la víspera de un sábado (día de reposo). Por ejemplo:

> "Y cuando fue la tarde, porque era la preparación, es decir, la víspera del sábado" Marcos 15:42 (RVR2016)

Sin embargo, este verso no se refiere al viernes (día anterior del *shabat* semanal), sino al día antes del primer día de la Fiesta de los Panes sin Levadura. El mismo verso nos indica que ese día era el "día de la preparación", refiriéndose al día antes de la pascua, cuando se hacían los preparativos para la cena de *Pésaj*. El relato de Juan lo confirma:

> "Entonces los judíos, por cuanto era la víspera de la Pascua, para que los cuerpos no quedasen en el madero en el sábado, pues era el gran día del sábado, rogaron a Pilato que se les quebrasen las piernas, y fuesen quitados." Juan 19:31 (RVR2016)

Por lo tanto, Yeshúa no fue sepultado un viernes (día anterior al *shabat* semanal) sino el día antes del inicio de la Fiesta de los Panes sin Levadura –justo antes de la cena de *Pésaj*.

En adición a esto, el mismo Yeshúa declaró que, luego de morir, estaría sepultado tres días y tres noches antes de ser resucitado, utilizando como referencia la señal de Jonás:

> "Porque como estuvo Jonás en el vientre del gran pez tres días y tres noches, así estará el Hijo del

hombre en el corazón de la tierra tres días y tres noches." Mateo 12:40 (RVR2016)

No hay que tener gran habilidad en las matemáticas para darse cuenta que de viernes a domingo no hay tres días y tres noches. Por lo tanto, hay algo errado en esta cuenta, lo cual genera una gran contradicción con lo que el mismo Yeshúa anunció respeto a su muerte y resurrección.

La realidad es que Yeshúa no fue resucitado un domingo, sino casi al finalizar el *shabat* de esa semana. Comúnmente se interpreta el siguiente pasaje (y otros similares) como si estableciera que Yeshúa fue resucitado un domingo:

"Y el primer día de la semana, de mañana, siendo aún oscuro, María Magdalena vino al sepulcro, y vio quitada la piedra del sepulcro." Juan 20:1 (RVG)

Este pasaje de la Escritura (y otros similares) no dice que Yeshúa fue resucitado un domingo. Solo dice que Miriam (María) fue a ver el sepulcro ese día, y lo encontró vacío. O sea, cuando Miriam fue a ver el sepulcro del Mesías el domingo, ya él había resucitado desde el día anterior (al finalizar el *shabat*). En relación con la Fiesta de las Primicias, el Mesías no fue resucitado el mismo día en que se presentaban las primicias, sino antes, de modo que el acto de presentarse ante el Padre coincidiera con el momento de la presentación de las primicias en el templo.

Entonces, si Yeshúa no murió un viernes, ¿cuándo

realmente murió el Mesías? Ya sabemos que Yeshúa fue resucitado justo antes de finalizado el día de reposo de la semana en que se celebraba la Fiesta de los Panes sin Levadura, y que ya estaba vivo para el momento en el cual se presentaban las primicias. También sabemos que iba a estar sepultado tres días y tres noches, según él mismo lo anunció. Por lo tanto, si retrocedemos desde el sábado tres días y tres noches, podemos concluir que su muerte fue un día miércoles –el cuarto día de la semana, o la mitad de la semana. Esto coincide con lo anunciado por el profeta Daniel:

"Y en otra semana confirmará el pacto a muchos, y *a la mitad de la semana hará cesar el sacrificio y la ofrenda...*". Daniel 9:27 (RVR2016)

Por lo tanto, a diferencia del patrón establecido por la celebración de Semana Santa, Yeshúa murió un miércoles (la mitad de la semana) y fue resucitado al finalizar el día de reposo, o sábado.

La realidad es que la celebración de Semana Santa y el Domingo de Resurrección son producto de la mezcla de algunos datos bíblicos con creencias provenientes del paganismo. En primer lugar, la fecha de la celebración de Semana Santa no es establecida en relación a la Escritura, sino al equinoccio de primavera –un procedimiento vinculado a los rituales de adoración al sol de varias culturas paganas antiguas. El artículo sobre Semana Santa en Wikipedia nos dice lo siguiente:

La Pascua de Resurrección es el domingo inmediatamente posterior a la primera Luna llena tras el equinoccio de primavera, y se debe calcular empleando la Luna llena astronómica. Por ello puede ocurrir no antes del 22 de marzo y el 25 de abril como muy tarde.

La tradición asociada al Domingo de Resurrección proviene de antiguo culto a la diosa *Ishtar* (también conocida en otras regiones como *Astarté* y por los hebreos como *Astarot*), de donde se deriva el nombre *Easter*. Los conejos y los huevos de pascua[14] están asociados al culto realizado a esta deidad, la cual era símbolo del amor, la fertilidad y la guerra. El artículo sobre el Conejo de Pascua en Wikipedia nos dice lo siguiente:

> Desde antes de Cristo, el conejo era un símbolo de la fertilidad e inmadurez gonadal asociado con la diosa fenicia Astarté, a quien además estaba dedicado el mes de abril. En alusión a esa diosa, en algunos países a la festividad de Pascua se la denomina "Easter". The Westminster Dictionary of the Bible (El diccionario Westminster de la Biblia) recoge que Easter era «originalmente la festividad de la primavera para honrar a la diosa teutónica de la luz y de la primavera, a quien se conocía en anglosajón como Easter». Ya en el siglo VIII los cristianos habían transferido dicha fiesta a la fe cristiana asignándole la celebración de la Resurrección de Cristo, y adaptaron la fiesta pagana en las tradiciones cristianas. A partir del

---

14 Curiosamente, los conejos son animales mamíferos, y los mamíferos no ponen huevos, sino que paren a sus crías.

siglo XIX, se empezaron a fabricar los muñecos de chocolate y azúcar en Alemania. Este tipo de práctica no es agradable a Yahweh. La Escritura registra que el profeta Shemuel (Samuel) en una ocasión exhortó a los israelitas a eliminar el culto a la deidad *Astarot*:

"Y habló Samuel a toda la casa de Israel, diciendo: Si de todo su corazón ustedes se vuelven a Yahweh, quiten las deidades ajenas y a Astarot de entre ustedes, y preparen su corazón a Yahweh, y a sólo él sirvan, y los librará de mano de los filisteos." 1 Samuel 7:3 (RVR2016)

También se registra que el rey Shelomó (Salomón), en sus últimos años, pecó al practicar la adoración a *Astarot* y otras deidades:

"Y ya que Salomón era viejo, sus mujeres inclinaron su corazón tras poderosos ajenos; y su corazón no era perfecto con Yahweh su Poderoso, como el corazón de su padre David. Porque *Salomón siguió a Astarot, la deidad de los sidonios*, y a Milcom, abominación de los ammonitas." 1 Reyes 11:4-5 (RVR2016)

Por ende, al celebrar el Domingo de Resurrección o *Easter* realmente se están perpetuando estas prácticas de idolatría, las cuales son desagradables a los ojos del Altísimo.

Como podemos observar, la Semana Santa y el

Domingo de Resurrección son prácticas que carecen de fundamento bíblico. Las mismas son producto del sincretismo religioso –una mezcla de diversas creencias paganas con eventos bíblicos, hecha con la intención de hacer estas creencias más atractivas a la gente y ganar más seguidores. Evitemos caer en la idolatría y el engaño de estas celebraciones, las cuales están muy desviadas del patrón bíblico original.

Celebrando la Fiesta de las Primicias

Para el creyente en el mesías Yeshúa, la Fiesta de las Primicias tiene un significado especial, ya que nos recuerda la obra de redención que el mesías Yeshúa realizó por el pueblo de Israel. Por tal razón, podemos celebrar esta fiesta rindiendo honor al Mesías –primicia de la promesa de resurrección postrera y la vida eterna.

Como mencionamos antes, la Escritura indica que esta celebración debe realizarse el día siguiente al día de reposo semanal (*shabat*) de la semana de *Matsot*. Por consiguiente, esta celebración siempre se realiza el domingo que sigue al primer *shabat* de la Fiesta de *Matsot*.

Por naturaleza, el concepto de "primicia" se refiere a una muestra o anticipo de algo mayor en proceso. En los tiempos bíblicos, se presentaba una muestra de los primeros frutos de la cosecha; un anticipo de la cosecha que se iba a dar. Aunque las instrucciones de la Torah sobre la presentación de las primicias solo aplica a la tierra de Israel, aún así podemos adaptar este concepto a nuestros tiempos. Por ejemplo, el día de la Fiesta de las Primicias se puede realizar un servicio especial, ya sea entre familia, amigos o en su congregación. Este servicio puede consistir principalmente de cánticos, testimonios y participaciones especiales que se ofrezcan como una "primicia" de los que está haciendo el Altísimo en las vidas de los participantes. También se puede ofrecer un estudio sobre la Fiesta de las Primicias, su significado y como señala al Mesías.

Como se mencionó previamente, el día de la Fiesta de las Primicias no es un día de reposo. Por lo tanto, es permitido preparar alimentos y realizar otras tareas durante el día.

Conclusión

La Fiesta de las Primicias usualmente es una celebración que con frecuencia se tiene en poco o se le da menor importancia entre los grupos observantes de la Torah y seguidores de Yeshúa el Mesías. Sin embargo, esta celebración encierra un gran significado que no debemos pasar por alto, especialmente aquellos que reconocemos a Yeshúa como el mesías de Israel. Por lo tanto, ¡celebramos con gozo esta fiesta, sabiendo que Yeshúa es la primicia por excelencia!

Preguntas para repaso y estudio

1. ¿Cuál era el motivo principal y original de la Fiesta de las Primicias?

2. ¿Cuándo se celebra la Fiesta de las Primicias? ¿Hay una fecha exacta establecida?

3. ¿Es un día de reposo la Fiesta de las Primicias?

4. ¿Cómo está asociada la figura del Mesías con la Fiesta de las Primicias? Explique.

5. ¿Tiene algún vínculo bíblico la Fiesta de las Primicias con la Semana Santa y el Domingo de Resurrección (*Easter*)? Explique.

La Fiesta de las Semanas

"Y se han de contar desde el día siguiente al sábado, desde el día en que ofrecieron el ómer de la ofrenda mecida; siete sábados completos serán: Hasta el siguiente día del séptimo sábado contarán cincuenta días; entonces ofrecerán nueva ofrenda vegetal a Yahweh. De sus habitaciones traerán dos panes para ofrenda mecida, que serán de dos décimas de flor de harina, cocidos con levadura, por primicias a Yahweh. Y ofrecerán con el pan siete corderos de un año sin defecto, y un becerro de la vacada y dos carneros: serán holocausto a Yahweh, con su ofrenda vegetal y sus libaciones; ofrenda encendida de suave olor a Yahweh. Ofrecerán además un macho cabrío por expiación; y dos corderos de un año en sacrificio de paces. Y el sacerdote los mecerá en ofrenda agitada delante de Yahweh, con el pan de las primicias, y los dos corderos: serán cosa sagrada de Yahweh para el sacerdote. Y convocarán en este mismo día; les será santa convocación: ninguna obra servil harán: estatuto perpetuo en todas sus habitaciones por sus edades." Levítico 23:15-21 (RVR2016)

La Fiesta de las Semanas (en hebreo, *Jag haShavuot*), también conocida como Pentecostés, es otro buen ejemplo de la relación que tienen las celebraciones bíblicas con la agricultura de Israel. El nombre *Shavuot* significa *semanas* y es el plural de *shavúa*, el cual significa *semana*. Es una alusión al mandamiento de contar siete semanas desde el día en que se ofrecen las primicias (Fiesta de las Primicias) para llevar a cabo la celebración. Esta cuenta de siete semanas, o 50 días (de donde viene el nombre *Pentecostés*), desde el ofrecimiento de las primicias daba tiempo suficiente para que el trigo madurara y estuviera listo para esta celebración.

Instrucciones generales sobre Shavuot

De la misma forma que la Fiesta de las Primicias estaba centrada en el ofrecimiento de los primeros frutos de la cebada, la Fiesta de las Semanas está centrada en los primeros frutos de la cosecha del trigo. Para la época en la cual el templo estaba en función, los israelitas acudían al mismo y presentaban una ofrenda especial representativa de la cosecha; la cual incluía los siguientes elementos:

1. Dos panes de harina, con levadura: En esta ofrenda estaba representada la primicia de la cosecha de trigo, ya que el pan era elaborado con harina de trigo.

2. Ofrenda *Olah* (holocausto): Siete corderos de un año, un becerro y dos carneros.

3. Ofrenda *Minjah* (ofrenda vegetal) y su libación: A parte de los panes horneados, se incluía una ofrenda vegetal que consistía de una mezcla de harina, aceite e incienso. También era consumida totalmente por el fuego.

4. Ofenda *Jatat* (por el pecado involuntario): Un macho cabrío (o chivo).

5. Ofrenda *Shelamim* (sacrificio de paz y agradecimiento): Dos corderos de un año.

Esta ofrenda era recibida en el templo por el sacerdote levita correspondiente, el cual efectuaba los sacrificios y mecía los panes y los dos corderos en señal de aceptación de la ofrenda.

El día de la Fiesta de las Semanas es un *shabatón* – un día de reposo festivo que se celebra anualmente. Al igual que el *shabat*, no es permitido realizar trabajo alguno durante este día.

¿Cuándo se celebra Shavuot?

La fecha correcta en la que se debe celebrar u observar la Fiesta de las Semanas ha sido motivo de debates y desacuerdos por muchos años. La Escritura no ofrece una fecha específica en cuanto a su fecha de celebración. Solo nos dice que debe iniciarse una cuenta de siete semanas desde el día siguiente al sábado que sigue a *Pésaj* (o sea, desde el día en que se celebra la Fiesta de las Primicias):

> "Y se han de contar desde el día siguiente al sábado, desde el día en que ofrecieron el ómer de la ofrenda mecida..." Levítico 23:15 (RVR2016)

A esta cuenta de siete semanas (o 50 días) se le conoce tradicionalmente como la cuenta del *ómer*. Este nombre es una alusión directa al hecho de que se inicia la cuenta el mismo día en el cual el pueblo israelita presentaba el *ómer* (o sea, la gavilla) en la Fiesta de las Primicias.

Sin embargo, ¿a cuál sábado o día de reposo se refiere el verso citado previamente? ¿Se refiere al primer día de *Matsot*, el cual es un día de reposo anual, o se refiere al día de reposo semanal?

La tradición judía interpreta que el día de reposo mencionado en este verso corresponde al primer día de la Fiesta de los Panes sin Levadura y no al día de reposo semanal que sigue a la celebración de *Pésaj*. Por tal razón, ellos celebran la Fiesta de las Primicias al día siguiente del primer día de *Matsot*, y desde ese día cuentan las siete semanas (50 días). Por consiguiente, la celebración de *Shavuot* siempre tiene un día fijo en el calendario judío: el sexto día del tercer mes (conocido en la tradición judía con el nombre de *Siván*). Sin embargo, esta interpretación presenta varios problemas:

1. La palabra hebrea que la Escritura utiliza en los versos citados previamente para referirse a los días de reposo es *shabat*. A través de la Escritura, el término *shabat* se utiliza para referirse siempre a día de reposo semanal, y el término *shabatón* para referirse a los días de reposo festivos (anuales). La única excepción a este patrón es la celebración de *Yom Kipur* (Día de Expiación), a la cual la Escritura se refiere como un *shabat shabatón* –un día de reposo muy solemne (Levítico 23:32). Por lo tanto, el uso del término *shabat* en esos versos indica que se refiere al día

de reposo semanal y no al primer día de la Fiesta de *Matsot*.

2. Levítico 23:16 dice: "Hasta el siguiente día del séptimo sábado contarán cincuenta días...". En este verso, la palabra hebrea traducida como sábado es *shabat*, lo cual indica que se refiere al día de reposo semanal. Si analizamos bien esta instrucción, la misma nos dice que el día #49 en la cuenta (el séptimo *shabat*) debe ser un día de reposo semanal. La única forma en la cual esta condición se puede dar consistentemente es si la cuenta de las siete semanas se inicia el día después del *shabat* semanal que sigue a la celebración del *Pésaj*.

3. Si se realiza la cuenta desde el día después del primer día de la Fiesta de *Matsot* –como sugiere la tradición judía– eso significaría que la Fiesta de *Shavuot* tendría una fecha fija de celebración: el sexto día del tercer mes (conocido en la tradición judía con el nombre de *Siván*). Si la intención original era esa, ¿por qué la Torah no especifica la fecha exacta? ¿No era más fácil de esa manera, que tener que contar siete semanas o 50 días? Precisamente, el hecho de que la Torah no especifique una fecha exacta, y requiera contar las semanas y los días, es indicio de que la fecha de celebración de *Shavuot* no es fija y varía de año en año.

De acuerdo a la Escritura, la forma correcta de determinar la fecha de celebración de *Shavuot* es celebrando la Fiesta de las Primicias el domingo que sigue al *Pésaj* (o sea, el día después del *shabat* que sigue al *Pésaj*) e iniciando la cuenta desde ese día. Eso significa que ambas celebraciones –la Fiesta de las Primicias y la Fiesta de las Semanas– no tendrían una fecha específica de celebración, pero siempre caerían el primer día de la semana (o sea, domingo).

Entendiendo la Fiesta de Shavuot

La Fiesta de *Shavuot* tiene gran importancia para el creyente observante de la Torah. Y para aquellos que hemos recibido a Yeshúa como el Mesías, *Shavuot* adquiere un significado de mayor profundidad, pues representa la culminación de la primera parte del plan de redención de Israel.

Para entender mejor esta fiesta, analicemos la misma en relación a tres contextos importantes: *Shavuot* y la entrega de la Torah, *Shavuot* como un contrato matrimonial, y su relación con el derramamiento del espíritu de santidad.

Shavuot y la entrega de la Torah

La tradición judía enseña que la entrega de la Torah[15] al pueblo de Israel ocurrió en la misma fecha en

15 Existen diferentes puntos de vista en cuanto a lo que se entiende como entrega de la Torah. Algunos entienden que se refiere a toda la Torah –desde Génesis hasta Deuteronomio– lo cual no tiene sentido, pues eso significa que Moisés habría recibido detalles de eventos que aún no habían acontecido. Otros sugieren que solo recibió parte de las instrucciones, y lo demás lo recibió gradualmente según fue

que se celebra la Fiesta de *Shavuot*. Sin embargo, al analizar la cronología de los eventos que culminan en la entrega de la Torah a Israel, nos damos cuenta que esta enseñanza no está del todo correcta.

Analicemos brevemente la cronología de los eventos. En primer lugar, la Escritura nos dice que el pueblo de Israel salió de Egipto el 15 de *Abib*, luego de la muerte de los primogénitos:

"E hizo llamar a Moisés y a Aharón de noche, y les dijo: Salgan de en medio de mi pueblo ustedes, y los hijos de Israel; y vayan, sirvan a Yahweh, como han dicho...Y en aquel mismo día sacó Yahweh a los hijos de Israel de la tierra de Egipto por sus escuadrones." Éxodo 12:31,51 (RVR2016)

Más adelante, la Escritura registra que llegaron al desierto donde está el monte Sinaí al tercer mes (recordemos que salieron a mitad del primer mes–el mes de *Abib*):

"Al mes tercero de la salida de los hijos de Israel de la tierra de Egipto, en aquel día llegaron al desierto de Sinaí." Éxodo 19:1 (RVR2016)

En este verso, la frase "en aquel día" corresponde a la frase hebrea *bayom hazeh*, la cual pudiera interpretarse o traducirse de las siguientes tres maneras:

---

necesario. Y otros sugieren que solo recibió parte de las instrucciones, y el resto fue revelado por inspiración divina a otros profetas luego de la muerte de Moisés, quienes completaron posteriormente el texto.

1. Al primer día del tercer mes, asumiendo que la frase se refiere al inicio del mes.

2. Al tercer día del tercer mes, asumiendo que la frase se refiere al día que lleva el mismo número del mes.

3. Al día 15 del tercer mes, asumiendo que la frase se refiere a la fecha en la cual los Israelitas salieron de Egipto en el primer mes.

Continuando la cronología, la Escritura nos dice que al tercer día de llegar al Sinaí, el pueblo se presenta ante la presencia de Yahweh en el monte, y el Altísimo enuncia el conjunto de instrucciones comúnmente conocidas como los Diez Mandamientos:

> "Y aconteció al tercer día cuando vino la mañana, que vinieron truenos y relámpagos, y una espesa nube sobre el monte, y sonido de bocina muy fuerte; y se estremeció todo el pueblo que estaba en el campamento. Y Moisés sacó del campamento al pueblo a recibir al Todopoderoso; y se pusieron al pie del monte." Éxodo 19:16-17 (RVR2016)

Más adelante, el pueblo se atemorizó al escuchar la voz de Yahweh, por lo que piden a Moisés que sea él quien hable con Yahweh y luego les comunique las instrucciones:

> "Todo el pueblo consideraba las voces, y las llamas, y el sonido de la corneta, y el monte que humeaba: y viéndolo el pueblo, temblaron, y se pusieron de lejos. Y dijeron a Moisés: Habla tú

con nosotros, que nosotros oiremos; pero no hable el Poderoso con nosotros, para que no muramos." Éxodo 20:18-19 (RVR2016)

A raíz de esta petición, Moisés sube al monte Sinaí para recibir del Altísimo el resto de las instrucciones de la Torah. No se especifica cuanto tiempo estuvo hablando Moisés con el Altísimo, pero si sabemos que recibió las instrucciones descritas en Éxodo 20:22-23:33.

Luego de este tiempo, Moisés desciende a donde estaba el pueblo y le comunica las instrucciones dadas por Yahweh, y el pueblo acepta las mismas (Éxodo 24:3,7).

Más adelante, la Escritura nos dice que Yahweh volvió a llamar a Moisés al monte para darle las tablas de piedra e instrucciones adicionales de la Torah. Cuando Moisés subió nuevamente al monte Sinaí, estuvo seis días esperando instrucciones de Yahweh, hasta que al séptimo día Yahweh lo llama nuevamente (Éxodo 24:16). A partir de ese día, la Escritura nos dice que en esta ocasión estuvo 40 días y 40 noches adicionales en este proceso:

"Y entró Moisés en medio de la nube, y subió al monte: y estuvo Moisés en el monte cuarenta días y cuarenta noches." Éxodo 24:18 (RVR2016)

Luego de estos 40 días y 40 noches, Moisés desciende del monte con las instrucciones escritas (Éxodo 32:15). Es en este momento que podemos decir que el pueblo recibe por primera vez toda la Torah (o al menos, las instrucciones que están descritas en Éxodo 25-31). Claro está, la mayoría de nosotros conocemos que, a causa de la idolatría del pueblo, Moisés se enojó y rompió las tablas de piedra donde estaban escritas las instrucciones (Éxodo 32:19) y posteriormente tuvo que subir 40 días y 40 noches adicionales (Éxodo 34:28) para recibir nuevamente las tablas escritas.

Habiendo considerado estos datos, hagamos el cálculo matemático para determinar cuándo el pueblo recibió la Torah. Para este cálculo, asumiremos que al decir "recibió la Torah" nos referimos al momento en el cual el pueblo recibe las instrucciones escritas por primera vez –cuando Moisés baja por primera vez del monte con las tablas de piedra. Realizaremos el cálculo a base de 29 días por mes –la duración promedio de un mes bíblico. Consideremos las tres interpretaciones posibles de Éxodo 19:1:

1. Si asumimos que Éxodo 19:1 se refiere al primer día del mes, significa que desde la salida de Egipto hasta la llegada del pueblo al Sinaí habrían transcurrido aproximadamente 43 días (14 días del primer mes + 29 del segundo mes). Ya que el pueblo se presentó delante de Yahweh tres días después, sumamos 3 días, lo cual nos deja con 46 días aproximados. A eso le sumamos los siete días que Moisés esperó en el monte (Exodo 24:16), lo cual hace un total de 53 días. Finalmente, tendríamos que sumar los 40 días que Moisés estuvo en el monte, lo cual nos deja con un total aproximado de 93 días. Dado el caso que la Fiesta de las Semanas se celebra 50 días

después de las Fiesta de las Primicias, hay un margen de al menos 43 días entre medio. Aún considerando un margen de error de varios días, la diferencia es demasiado marcada para decir que la entrega de la Torah coincide con *Shavuot*.

2. Si asumimos que Éxodo 19:1 se refiere al tercer día del tercer mes, significa que desde la salida de Egipto hasta la llegada del pueblo al Sinaí habrían transcurrido aproximadamente 46 días (14 días del primer mes + 29 del segundo mes + 3 días del tercer mes). Ya que el pueblo se presentó delante de Yahweh tres días después, sumamos 3 días, lo cual nos deja con 49 días aproximados. A eso le sumamos los siete días que Moisés esperó en el monte (Exodo 24:16), lo cual hace un total de 56 días. Finalmente, tendríamos que sumar los 40 días que Moisés estuvo en el monte, lo cual nos deja con un total aproximado de 96 días. Nuevamente, tenemos 46 días adicionales a los 50 de la cuenta hacia la celebración de *Shavuot*. Aún con un margen de error de varios días es imposible que coincida.

3. Si asumimos que Éxodo 19:1 se refiere al día 15 del mes, significa que desde la salida de Egipto hasta la llegada del pueblo al Sinaí habrían transcurrido aproximadamente 58 días (14 días del primer mes + 29 del segundo mes + 15 del tercer mes). Ya que el pueblo se presentó delante de Yahweh tres días después, sumamos 3 días, lo cual nos deja con 61 días aproximados. A eso le sumamos los siete días que Moisés esperó en el

monte (Éxodo 24:16), lo cual hace un total de 68 días. Finalmente, tendríamos que sumar los 40 días que Moisés estuvo en el monte, lo cual nos deja con un total aproximado de 108 días. La diferencia es de 68 días –aún más marcada que en las primeras dos opciones. Definitivamente no coincide con *Shavout*.

Como podemos apreciar, es imposible que la entrega de toda la Torah haya coincidido con la fecha de la Fiesta de las Semanas. La diferencia en días es muy marcada.

La realidad es que esta asociación de la entrega de la Torah con la Fiesta de *Shavuot* no está fundamentada en la Escritura. La misma fue impulsada por los rabinos luego de la destrucción del templo, por temor a que esta fiesta cayera en el olvido ante la imposibilidad de celebrarla debido a la destrucción del templo de Jerusalem. Ellos entendieron que, al asociarla con este importante evento bíblico, los judíos continuarían conmemorándola a pesar de la ausencia del templo. Sobre esto, el libro *Israel's Feasts and Their Fullness*, de Batya Ruth Wootten, nos ofrece los siguientes datos:

Luego de la destrucción del templo en el año 70 e.C., los rabinos comenzaron a asociar Shavuot con la entrega de la Torah. Sin embargo, esto fue una interpretación posterior, y no el significado original de la misma. (p.193)

También el libro *In the Jewish Tradition, A Year of Food and Festivities*, de Judith Felner, nos dice lo siguiente (según citado en el libro de Wootten):

> Si Shavuot se hubiese mantenido como una fiesta puramente agrícola, sin algún evento histórico asociado a la misma... seguramente esta hubiese perecido. Reconociendo esto, los rabinos sabiamente adjuntaron uno de los más grandes eventos históricos a Shavuot, asegurando así su supervivencia. Para el tercer siglo, Shavuot se conoció como 'el momento de la entrega de la Torah' en el Sinaí, dando a esta festividad un componente espiritual esencial, vinculándola al éxodo y la trayectoria de Israel a la tierra prometida. (p.194)

Como podemos ver, la asociación de la entrega de la Torah con *Shavuot* es una interpretación posterior de la tradición judía, en respuesta a la necesidad que vieron de preservar la fiesta. Sin embargo, aquellos que hemos recibido a Yeshúa como el Mesías no tenemos necesidad de adherirnos a un evento histórico al cual asociar la fiesta, pues luego de la partida del Mesías tenemos un evento que suple esa necesidad: el derramamiento del espíritu de santidad sobre los primeros creyentes (Hechos 2).

Por otro lado, aunque la cronología de la entrega de la Torah no coincide con la fecha de *Shavuot*, si podría decirse que *Shavout* coincide aproximadamente con el momento en que el pueblo se presenta ante Yahweh en el monte Sinaí para escuchar los Diez Mandamientos y las instrucciones registradas en Éxodo 20:22-23:33. Considerando las tres posibles interpretaciones de

Éxodo 19:1, esto colocaría este evento a:

1. 46 días aproximados, asumiendo que Éxodo 19:1 se refiere al primer día del tercer mes.

2. 49 días aproximados, asumiendo que Éxodo 19:1 se refiere al tercer día del tercer mes.

3. 61 días aproximados, asumiendo que Éxodo 19:1 se refiere al día 15 del tercer mes.

Como se puede apreciar, en cada una de las tres interpretaciones el total de los días es muy cercano a los 50 días que se cuentan hacia la celebración de *Shavuot*, por lo cual hace más sentido asociar la celebración de *Shavuot* con el enunciado de los Diez Mandamientos y las instrucciones registradas en Éxodo 20:22-23:33[16]. No obstante, debo aclarar que esto es una *posible* interpretación basada en los eventos narrados en la Escritura. El lector tiene la libertad de aceptar o rechazar la misma, según lo entienda correcto.

Shavuot como un contrato matrimonial

Si asociamos la Fiesta de las Semanas con el enunciado de los Diez Mandamientos, entonces podemos ver la celebración de *Shavout* como un contrato matrimonial entre Yahweh y su pueblo. En este sentido, los Diez Mandamientos y las instrucciones

---

16 Incluso, se podría decir que los Diez Mandamientos y las instrucciones contenidas en Éxodo 20:22-23:33 son un resumen general de toda la Torah. Sin embargo, esto es muy diferente a decir que *toda* la Torah (hasta Deuteronomio) fue dada a Moisés en esa ocasión.

---

registradas en Éxodo 20:22-23:33 harían la función del documento legal entre ambas partes.

Antes de comenzar este análisis, es importante mencionar que el proceso de unión matrimonial en la cultura hebrea es diferente al de la mayoría de las culturas occidentales. En la cultura hebrea antigua, cuando un hombre deseaba casarse, este firmaba de antemano un contrato matrimonial con los padres de la futura esposa. Este contrato es conocido en hebreo como *ketubah*, y el mismo contenía las cláusulas y deberes del esposo hacia la esposa y viceversa. Desde el momento en que se firmaba la *ketubah* por ambas partes, la novia ya es considerada esposa del varón desde el punto de vista legal. Sin embargo, luego de firmar este acuerdo, el varón se iba por un tiempo a preparar el lugar donde ambos iban a vivir, y la esposa se quedaba preparándose y esperando que el esposo regresara por ella. Cuando todo estaba listo, el esposo regresaba a buscar a su prometida y se celebraba la boda, finalizando así la unión[17].

Una vez entendemos esto, podemos percibir mejor los elementos ocurridos el día en que Yahweh enunció

---

17 Es en este contexto que deben entenderse los relatos y referencias relacionados a uniones matrimoniales en la Escritura. Por ejemplo, cuando Yosef (José) se comprometió con Miriam (María), madre de Yeshúa, él había firmado la *ketubah* y estaba en proceso de preparación cuando se entera que Miriam estaba embarazada. Otro ejemplo es cuando el Mesías dijo: "Y si me voy, y les preparo lugar, vendré otra vez, y los tomaré conmigo..." Juan 14:2 (RVR2016), en cuyas palabras estaba aludiendo a este proceso de preparación luego de firmar el contrato matrimonial, colocándose él como el esposo y a los discípulos como parte del pueblo redimido de Israel –la esposa del cordero.

los Diez Mandamientos y asociarlos al proceso de nupcias hebreo. A continuación un análisis general de estos elementos y cómo los mismos guardan semejanza con el proceso de nupcias hebreo:

El varón escoge su pareja

Yahweh escogió a Israel como su esposa:

"...ustedes serán mi especial tesoro sobre todos los pueblos..." Éxodo 19:5 (RVR2016)

"Porque tú eres pueblo santo a Yahweh tu Poderoso: Yahweh tu Poderoso te ha escogido para serle un pueblo especial, más que todos los pueblos que están sobre la faz de la tierra." Deuteronomio 7:6 (RVR2016)

Ritual de Purificación

Antes de la ceremonia de bodas, la novia pasa por un ritual de purificación que incluye el sumergirse en agua. La Escritura registra que el pueblo pasó por un proceso de purificación de tres días:

"Y Yahweh dijo a Moisés: Ve al pueblo, y conságralos hoy y mañana, y laven sus vestidos; Y estén apercibidos para el día tercero, porque al tercer día Yahweh descenderá, a ojos de todo el pueblo, sobre el monte de Sinaí." Éxodo 19:10-11 (RVR2016)

Ceremonia bajo la *Jupah*

Según la tradición hebrea, la ceremonia nupcial se

llevaba a cabo bajo una especie de carpa o toldo conocido como *jupah*. Esta carpa simbolizaba la presencia y cobertura del Altísimo en el acto de unión matrimonial. La Escritura registra que, cuando el pueblo se presentó ante Yahweh en el monte Sinaí, este quedó cubierto por una nube a causa de la presencia del Todopoderoso, lo cual podría verse como una *jupah* simbólica:

> "Y todo el monte de Sinaí humeaba, porque Yahweh había descendido sobre él en fuego: y el humo de él subía como el humo de un horno, y todo el monte se estremeció en gran manera."
> Éxodo 19:18

La *ketubah*

Como se había mencionado previamente, las palabras enunciadas por Yahweh desde el monte Sinaí – las cuales posteriormente quedarían escritas en tablas de piedra– y las instrucciones registradas en Éxodo 20:22-23:33, constituyen una *ketubah* entre Yahweh y el pueblo de Israel. Como en toda ceremonia nupcial hebrea, la *ketubah* es leída en voz alta ante todos los invitados de la ceremonia:

> "Y habló el Poderoso todas estas palabras..."
> Éxodo 20:1 (RVR2016)

> "Y Moisés vino y contó al pueblo todas las palabras de Yahweh, y todos los derechos" Éxodo 24:3 (RVR2016)

Aceptación del contrato matrimonial

Todo contrato legal requiere la aceptación del mismo por ambas partes. La Escritura registra que el pueblo aceptó este contrato propuesto por el Altísimo:

"...y todo el pueblo respondió a una voz, y dijeron: Ejecutaremos todas las palabras que Yahweh ha dicho." Éxodo 24:3 (RVR2016)

"Y tomó el libro de la alianza, y leyó a oídos del pueblo, el cual dijo: Haremos todas las cosas que Yahweh ha dicho, y obedeceremos." Éxodo 24:7 (RVR2016)

Como podemos observar, todos los elementos básicos de una ceremonia nupcial hebrea están presentes en este evento bíblico. En base a esos datos –y asociando la fecha de este evento con la fecha de celebración de *Shavuot*– podemos interpretar la Fiesta de las Semanas como un recordatorio de la boda de Yahweh con su pueblo Israel.

Lamentablemente, este primer contrato matrimonial quedó anulado por la infidelidad de la esposa hacia el esposo –la infidelidad de Israel a Yahweh, cuando desvió su corazón a la idolatría:

"Mas como la esposa quiebra la confianza de su compañero, así prevaricaron ustedes contra mí, oh casa de Israel, dice Yahweh." Jeremías 3:20 (RVR2016)

"...porque ellos invalidaron mi pacto, aunque fuí yo un marido para ellos, dice Yahweh" Jeremías 31:32 (RVR2016)

No obstante, Yahweh prometió restaurar esta relación matrimonial entre Él y su pueblo:

"He aquí que vienen días, dice Yahweh, en los cuales haré un nuevo pacto con la casa de Jacob y la casa de Judá: No como el pacto que hice con sus padres el día que tomé su mano para sacarlos de tierra de Egipto; porque ellos invalidaron mi pacto, aunque fui yo un marido para ellos, dice Yahweh: Mas éste es el pacto que haré con la casa de Israel después de aquellos días, dice Yahweh: Daré mi ley en sus entrañas, y la escribiré en sus corazones; y seré yo a ellos por Poderoso, y ellos me serán por pueblo." Jeremías 31:31-33 (RVR2016)

Aquellos que hemos recibido a Yeshúa como el Mesías hemos visto esa renovación a través de las celebraciones de *Pésaj*, *Matsot* y *Bikkurim*. Pero eso no queda ahí: a través de la celebración de *Shavuot* podemos ver también la ratificación de esa renovación del pacto por medio del derramamiento del espíritu de santidad en nuestros corazones.

El derramamiento del espíritu en Shavuot

Como mencionamos antes, la tradición judía se vio obligada a buscar un evento histórico al cual vincular *Shavuot* para preservar la celebración. Pero aquellos que hemos recibido a Yeshúa como el Mesías no tenemos necesidad de buscar un evento histórico para asociarla, pues el mismo ya existe: el derramamiento del espíritu de santidad, según registrado en Hechos 2. Este evento fue anunciado con anticipación por el Mesías, quien les dio instrucciones específicas sobre el mismo:

"Y estando juntos, les mandó que no se fuesen de Jerusalem, sino que esperasen la promesa del Padre, que ustedes oyeron, dijo, de mí. Porque Juan a la verdad sumergió en agua, mas ustedes serán sumergidos en espíritu santo no muchos días después de éstos... Mas recibirán el poder del espíritu santo que vendrá sobre ustedes; y me serán testigos en Jerusalem, en toda Judea, y Samaria, y hasta lo último de la tierra." Hechos 1:4-5,8 (RVR2016)

La conexión de este evento con la Fiesta de las Semanas es muy clara e indiscutible. La Escritura señala que el grupo reunido estaba celebrando esta fiesta:

"Y como se cumplieron los días de Pentecostés, estaban todos unánimes juntos" Hechos 2:1 (RVR2016)

Es interesante notar como la forma en la cual es descrito este evento tiene semejanza con los eventos sucedidos en el monte Sinaí, cuando Yahweh enunció los Diez Mandamientos a todo el Pueblo de Israel. Comparemos ambas descripciones:

"Todo el pueblo consideraba las voces, y las llamas, y el sonido de la corneta, y el monte que humeaba: y viéndolo el pueblo, temblaron, y se pusieron de lejos." Éxodo 20:18

"Y de repente vino un estruendo del cielo como de un viento recio que corría, el cual llenó toda la casa donde estaban sentados; Y se les aparecieron lenguas repartidas, como de fuego, que se asentó sobre cada uno de ellos... Y hecho este estruendo, se juntó la multitud; y estaban confundidos, porque cada uno los oía hablar su propia lengua." Hechos 2:2-3,6 (RVR2016)

Notemos que hay varios elementos similares presentes entre ambos eventos: llamas (fuego), gran estruendo, voces, y gran temor y/o confusión sobre los que presenciaron los eventos. Ciertamente, en ambas instancias la presencia del Altísimo había descendido sobre cada respectivo lugar.

Mientras celebraban la Fiesta de las Semanas en Jerusalem, el espíritu de santidad descendió sobre ellos. Como producto de esto, comenzaron a hablar en otras leguas:

"Y de repente vino un estruendo del cielo como de un viento recio que corría, el cual llenó toda la casa donde estaban sentados; Y se les aparecieron lenguas repartidas, como de fuego, que se asentó sobre cada uno de ellos. Y fueron todos llenos de espíritu santo, y comenzaron a hablar en otras lenguas, como el espíritu les daba que hablasen."

Hechos 2:2-4 (RVR2016)

Es importante mencionar que el hablar en lenguas no fue una experiencia con fin "místico" o aislado. La razón por la cual el espíritu de santidad provocó que ellos hablaran en lenguas fue para que las personas de otras naciones que estaban cerca escucharan el mensaje de salvación y restauración:

"Y hecho este estruendo, se juntó la multitud; y estaban confundidos, porque cada uno los oía hablar su propia lengua. Y estaban atónitos y maravillados, diciendo: He aquí ¿no son galileos todos estos que hablan? ¿Cómo, pues, los oímos nosotros hablar cada uno en nuestra lengua en que hemos nacido?" Hechos 2:6-8 (RVR2016)

De hecho, el hablar en otras lenguas como testimonio a personas de otras naciones dio buenos frutos, pues la Escritura registra que ese día creyeron y se sumergieron cerca de 3,000 personas:

"Así que, los que recibieron su palabra, fueron sumergidos: y fueron añadidas a ellos aquel día como tres mil personas." Hechos 2:41 (RVR2016)

Todo esto sucedió en confirmación a lo que predijeron los profetas en la antigüedad, quienes anunciaron este nuevo pacto ratificado, no en tablas de piedra, sino en los corazones de cada creyente a través del espíritu de santidad:

"Mas esto es lo que fue dicho por el profeta Joel:

Y será en los postreros días, dice Yahweh, derramaré de mi espíritu sobre toda carne, Y sus hijos y sus hijas profetizarán; Y sus jóvenes verán visiones, Y sus viejos soñarán sueños: Y de cierto sobre mis siervos y sobre mis siervas en aquellos días derramaré de mi espíritu, y profetizarán." Hechos 2:16-18 (RVR2016)

"Mas éste es el pacto que haré con la casa de Israel después de aquellos días, dice Yahweh: Daré mi ley en sus entrañas, y la escribiré en sus corazones; y seré yo a ellos por Poderoso, y ellos me serán por pueblo." Jeremías 31:33 (RVR2016)

"Siendo manifiesto que ustedes son carta del Mesías administrada de nosotros, escrita no con tinta, sino con espíritu del Poderoso vivo; no en tablas de piedra, sino en tablas de carne del corazón." 2 Corintios 3:3 (RVR2016)

De modo que, para los que hemos recibido a Yeshúa como el Mesías, y hemos sido sumergidos en su nombre, *Shavuot* representa el cumplimiento de lo anunciado por los profetas: la Torah de Yahweh escrita en nuestros corazones por el espíritu de santidad de Yahweh.

Sobre los dos panes con levadura

Luego de hablar sobre el significado de la Fiesta de las Semanas, revisemos por un momento las instrucciones dadas para la ofrenda que se ofrecía en *Shavuot*. Dentro de los elementos de esta ofrenda, hay uno que capta nuestra atención de forma especial: los dos panes con levadura. Este elemento distingue a *Shavuot* de otras celebraciones, y a la vez le añade un profundo significado.

En primer lugar, se pueden derivar diversas enseñanzas o interpretaciones del hecho de que sean dos panes. Para empezar, el número dos puede ser una alusión a las dos casas de Israel: Judá (Yahudah) y Efraín (Efraim).

El tema de las dos casas de Israel es uno muy extenso y fuera del contexto de este libro. Pero en términos generales, la casa de Judá representa a las tribus de Judá y Benjamín, mientras que la casa de Efraín (también conocida como la casa de Israel) representa a las 10 tribus restantes. En un momento histórico del pueblo israelita, las doce tribus originales de Israel se dividieron en estas dos casas o regiones antes mencionadas (1 Reyes 11, Isaías 8:14). Más adelante, la casa de Efraín es tomada en cautiverio por el reino Asirio (2 Reyes 17), y posteriormente se mezcla con otras naciones y se expande a otros territorios. Por otro lado, casa de Judá también es tomada en cautiverio por Babilonia más adelante (2 Reyes 24-25). Pero al cabo de 70 años, la casa de Judá regresa a su territorio. Sin embargo, la casa de Israel nunca regresó como tal, sino que fue asimilada entre las naciones (gentiles) hasta el día de hoy.

La Escritura establece que en un futuro ambas casas volverán a ser una sola, como antes (vea Isaías 11:11-

12). Esto sucederá bajo el reino del Mesías. Por lo tanto, los dos panes con levadura en *Shavuot* nos hablan de esta promesa, la cual se inicia con el derramamiento del espíritu de santidad en *Shavuot* (como señal del pacto renovado) y finalmente se hace realidad solo a través del reinado del Mesías:

> "...He aquí vienen días, dice Yahweh, y consumaré para con la casa de Israel y para con la casa de Judá un nuevo pacto; No como el pacto que hice con sus padres el día que los tomé por la mano para sacarlos de la tierra de Egipto: Porque ellos no permanecieron en mi pacto, y yo los menosprecié, dice Yahweh. Por lo cual, este es el pacto que ordenaré a la casa de Israel Después de aquellos días, dice Yahweh: Daré mis leyes en el alma de ellos, Y sobre el corazón de ellos las escribiré; y seré a ellos por Poderoso, y ellos me serán a mí por pueblo" Hebreos 8:8-10 (RVR2016)

Otros significados que pueden tener los dos panes con levadura son:

- Las dos tablas de la Torah (Éxodo 34:29), en alusión al pacto con el pueblo de Israel.

- Las dos ramas de olivo (Romanos 11), en alusión a las dos casas de Israel.

- Las dos varas (Ezequiel 37:15-28), en alusión a las dos casas de Israel.

En adición a esto, ¿por qué pan con levadura? La mayoría de las ofrendas que se elaboraban con harina (o sea, las ofrendas de tipo *minjah*) no llevaban levadura (Levítico 2:4), e incluso durante la Fiesta de *Matsot* no se utilizaba pan con levadura. Generalmente, la levadura se ve como símbolo del pecado, y el hecho de que se hicieran ofrendas que no contenían levadura nos habla de la necesidad de una vida libre de pecado. ¿Por qué en esta ocasión el Altísimo habrá instruido a hacer dos panes con levadura para la ofrenda?

El hecho de que los panes tuvieran levadura probablemente nos recuerda que somos imperfectos y dependemos de la misericordia de Yahweh. No obtenemos el perdón de los pecados por mérito propio; solo a través del sacrificio del Mesías somos limpiados y santificados (Hebreos 10:10).

Celebrando la Fiesta de las Semanas

Al celebrar la Fiesta de las Semanas, recordemos que el día de la Fiesta de las Semanas es un *shabatón* – un día de reposo festivo anual. Al igual que el *shabat* o día de reposo semanal, no es permitido realizar trabajo alguno durante este día.

Como se ha discutido previamente, la Fiesta de las Semanas se celebra 50 días después de la Fiesta de la Primicias. Eso significa que la Fiesta de las Semanas, aunque no tiene una fecha exacta de celebración (pues depende de la fecha de celebración de la Fiesta de las Primicias), siempre se realizará un domingo.

El día de la Fiesta de las Semanas se puede realizar un servicio especial –ya sea en familia, amigos o miembros de una congregación– que consista en cánticos, testimonios y oraciones. Al igual que en la Fiesta de las Primicias, se pueden presentar cánticos, testimonios y participaciones especiales que sirvan como ofrenda especial a Yahweh, en alusión simbólica a las ofrendas que se presentaban en el templo antiguamente. Es recomendable que el estudio de la Escritura ofrecido durante la reunión sea alusivo al significado de la fiesta, haciendo énfasis en el significado de la misma para el creyente en el Mesías.

Conclusión

La Fiesta de las Semanas es motivo de gran alegría, pues en ella se conmemora la renovación del pacto de Israel con Yahweh. Es el inicio de un nuevo tiempo, en el cual disfrutamos de la presencia del espíritu de santidad en nuestros corazones, capacitándonos para vivir una vida santa para Yahweh.

Al culminar este ciclo de fiestas de primavera con esta celebración, recordemos que vivimos en la esperanza de ver el plan de redención completado. Las fiestas de primavera nos hablan de lo que Yahweh ya hizo a través de su hijo Yeshúa. En el próximo ciclo de fiestas –las fiestas de otoño– veremos lo que Yahweh hará en un futuro a través de su hijo Yeshúa para restaurar su reino en toda la Tierra.

Preguntas para repaso y estudio

1. ¿De donde viene el nombre *Shavout*? ¿Qué significa?

2. Según la Escritura, ¿cómo se determina la fecha de celebración de *Shavuot*?

3. ¿Con qué dos eventos bíblicos se asocia la Fiesta de *Shavuot*?

4. ¿Es correcto decir que *toda* la Torah fue revelada en *Shavuot*?

5. ¿Cómo se origina la asociación de *Shavuot* con la entrega de la Torah? ¿Tiene origen bíblico esta asociación?

6. Mencione al menos dos posibles significados de los dos panes con levadura ofrecidos durante la Fiesta de *Shavuot*.

Apéndice #1: Modelo para la Cena Memorial de Pésaj

El siguiente modelo fue contribuido por el maestro José Álvarez (Yosef). El mismo comienza con una introducción a modo de comentario sobre la cena memorial de Pésaj. El programa como tal comienza con el "Anuncio del Séder" (la palabra "séder" significa "orden"; en este caso alude al orden a seguir durante la ceremonia).

Este modelo contiene algunos cánticos tradicionales de Pésaj, los cuales se sugieren para esta celebración. Si usted no conoce los mismos, probablemente podrá encontrar versiones de estos cánticos haciendo una búsqueda en Internet, especialmente en YouTube. En última instancia, también puede sustituirlos por otros cánticos que usted conozca y estén a tono con la ocasión.

Si desea copia de este documento en una hoja tamaño carta (para imprimir), por favor visite la siguiente dirección:

https://ayinweb.com/documentos/

Preparación para el *Pésaj*

Durante los días previos al Pésaj, se eliminan de la casa los alimentos leudados. Esto incluye todo pan y galletas que contengan levadura. La preparación comienza con una limpieza completa de la casa. Preparamos también nuestro corazón para el Servicio de Pésaj. La enseñanza tradicional nos dice que en cada generación debemos considerarnos como si hubiésemos sido liberados personalmente de Egipto. Al prepararnos para esta experiencia personal de redención, apartamos de nosotros la levadura de pecado y error que haya en nuestro corazón.

El Pésaj es una historia que se ha narrado por miles de años. Es una historia de transiciones milagrosas: de la esclavitud a la libertad, de la desesperación a la esperanza, de las tinieblas a la luz. Su grandeza es la grandeza del Omnipotente. Su perpetuidad surge de la eterna verdad del compromiso de YHWH con su pueblo. Como cuidó el Todopoderoso a los hijos de Israel en tiempos antiguos, así cuida de nosotros hoy día.

Sobre la mesa está el plato de la Cena Memorial, que contiene los artículos ceremoniales del Pésaj. Hay pan sin levadura, hierbas amargas, (rábano o apio o perejil), y vino o jugo de uva. Cosas curiosas pero todas son parte de la narración. Dejemos que todos nuestros sentidos participen plenamente, apreciando la vista y los aromas, probando cada ingrediente, escuchando cada palabra. Veamos, escuchemos, y sintamos la verdad del amor de nuestro Padre Yahweh.

¿Por qué no hay carne de cordero en nuestra mesa este día? Porque el Templo donde Yahweh eligió poner su Nombre ya no existe y es solamente allí donde se permite presentar sacrificios de animales. Véanse los siguientes pasajes:

Deuteronomio 16:2

Debes inmolar el sacrificio de Pésaj para Yahweh tu Elohim del rebaño y de la manada, en el lugar donde Yahweh escoja establecer su nombre.

Deuteronomio 16:5,6

No se te permite inmolar el sacrificio de pésaj en cualquiera de las poblaciones que Yahweh tu Elohim te está dando; (6) sino que en el lugar donde Yahweh tu Elohim escoja establecer su nombre, allí solamente inmolarás el sacrificio de Pésaj, por la tarde, al ponerse el sol, a la hora que saliste de Mitsráyim [Egipto].

Deuteronomio 16:1

Observa el novilunio de Abib y ofrece un sacrificio de pésaj a Yahweh tu Elohim, porque fue en el mes de Abib, de noche, que Yahweh tu Elohim te libertó de Mitsráyim [Egipto].

Si existiera hoy día ese lugar escogido por Yahweh, que es el Templo de Jerusalem, tendríamos que viajar a Jerusalem para inmolar el cordero de Pésaj. Pero como no existe, no se puede hacer el sacrificio del Cordero.

Sin embargo, nosotros los discípulos del Mesías

Yeshúa tenemos «al Cordero de Yahweh que quita los pecados del mundo», y ese es el cordero pascual que ofrecemos en esta noche. Su sacrificio es suficiente para todos los que creen en él.

Anuncio del Séder

Para comenzar se canta:

ÉLE MOADÉ YAHWEH

MIKRAÉ QÓDESH;

ASHÉR TIQREÚ

OTAM BEMOADÁM

MIKRAÉ QÓDESH

Esta Fiesta es de Yahweh

tiempo sagrado;

que nos entregó

como memorial

tiempo sagrado.

(Oficiante dice)

«Luego le dijo Yhwh a Moshé: 'Pronto verás lo que voy a hacer'». Éxodo 6:1

Al decirle estas palabras de aliento a Moisés, Yahweh le reveló a su siervo el plan por el cual redimiría a los hijos de Israel.

(Todos dicen)

Los libraré de las labores de los egipcios...

Los libertaré de su servidumbre...

Los redimiré con brazo extendido...

Los tomaré para que sean mi pueblo.

(Oficiante dice)

En el Pésaj, celebramos las promesas de redención y comunión bebiendo de nuestras copas dos veces. Con cada copa recordamos las obras maravillosas que nuestro Padre Yahweh ha hecho por nosotros.

(Se llena la primera copa)

Copa de Santificación

«Los libraré de las manos de los egipcios.» Éxodo 6:6

(Oficiante)

Levantemos nuestra primera copa y bendigamos el nombre de Yahweh. Bendito eres, Yahweh nuestro Poderoso, Rey del universo, te damos gracias por el fruto de la vid.

(Todos)

Bendito eres, Yahweh nuestro Poderoso, Rey del universo, que nos elegiste de entre todos los pueblos, y nos consagraste con tus mandamientos; y con amor nos diste Festividades para alegría. Bendito eres tú, Yahweh nuestro Poderoso, Rey del universo, que nos has preservado, nos has mantenido con vida, y nos has permitido llegar hasta este momento.

(Todos beben la primera copa)

El Pan de Aflicción

«Ustedes observarán esto como una institución perpetua, para ustedes y para sus descendientes.» Éxodo 12:24

(Oficiante)

Es a la vez un deber y un privilegio comer durante esta semana pan sin levadura y recitar las maravillas de nuestro Padre Todopoderoso.

La *Matsah*

Todas las demás noches comemos pan leudado, pero en el Pésaj sólo comemos *Matsah*, pan ácimo. Cuando los hijos de Israel salían de Egipto, no tuvieron tiempo para dejar fermentar su masa para pan.

Más bien, el cálido sol del desierto hizo que la masa del pan se cocinara plana. Pero aún más que eso, la Escritura nos enseña que la levadura simboliza el pecado y la enseñanza falsa.

(Todos)

«Acaso no saben que un poco de levadura leuda toda la masa? Límpiense de la vieja levadura, para que sean una masa nueva, sin levadura, como en realidad lo son. El Mesías, nuestro Cordero Pascual, ya fue sacrificado.» (1Corintios 5:6).

(Oficiante)

Durante esta Fiesta del Pésaj, rompamos nuestros viejos hábitos de pecado y egoísmo, abandonemos las enseñanzas falsas, y comencemos una vida nueva y santa ante el Todopoderoso.

(Levantando el plato con la Matsah)

Este es el pan de aflicción, el pan pobre que comieron nuestros padres en la tierra de Egipto. Que todo el que tenga hambre venga y coma. Que todo el que esté en necesidad participe de la esperanza del Pésaj.

(El Oficiante toma la Matsah, la muestra en alto y dice...)

Miren este pan sin levadura, símbolo de nuestro Mesías.

(Todos)

«Pero él fue herido por nuestros pecados, aplastado por nuestras rebeliones; él llevó el castigo que nos sanó; y por sus llagas fuimos curados.» (Isaías 53:5)

(Oficiante)

«Pero llenaré a la Casa de David, y a los habitantes de Yerushalem de un espíritu de piedad y oración; y mirarán a Aquel a Quien traspasaron, y llorarán por él como el que llora por su primogénito.» (Zacarías 12:10).

(El oficiante parte la Matsah por la mitad)

Así como se quiebra el pan de la aflicción, así el Mesías fue afligido y quebrantado. Una mitad de esta Matsah se envuelve en un paño blanco, tal como se envolvió el cuerpo del Mesías para su sepultura .

(Se envuelve la mitad de la Matsah)

(Oficiante)

Tal como se quebrantó este pan ácimo, así quebrantaron a nuestro Mesías. Luego lo pusieron en una tumba y quedó oculto por un tiempo, en símbolo de lo cual envolvemos este pan en un paño.

Pero así como el pan ácimo volverá al final para completar nuestra Cena Memorial de Pésaj, así mismo el Mesías se levantó de los muertos y salió de la tumba para subir el Padre.

(Se toma el otro pedazo de la Matsah que ya fue partida y se distribuye entre los comensales, con una hierba amarga)

(Oficiante)

Participemos ahora de un pedazo de este pan ácimo de Pascua junto con una hierba amarga.

(Todos)

Bendito eres, Yahweh nuestro Poderoso, el Rey del universo, gracias por el alimento produce la tierra.

(Todos comen de la Matsah junto con hierba amarga)

Maror

(Oficiante)

En todas las demás noches comemos toda clase de vegetales, pero en el Pésaj comemos solamente maror, vegetal amargo. Aunque nuestra vida es dulce hoy día, recordamos que fue amarga la vida para los hijos de Israel en la tierra de Egipto.

(Levantando el Maror)

«De modo que los egipcios llegaron a temer a los israelitas... e impusieron sobre ellos las diversas labores que los obligaron a realizar. Despiadadamente les hacían la vida amarga con trabajos duros en barro y ladrillo y con toda clase de tareas en el campo.» (Éxodo 1:12-14)

Mientras ponemos un poco del maror en un pedazo

de matsah, permitamos que el sabor amargo nos provoque un sentimiento de compasión por el sufrimiento que conocieron nuestros antepasados miles de años atrás.

(Todos)

Bendito eres tú, Yhwh nuestro Poderoso, El Rey del universo que nos apartó por su palabra y nos mandó a comer hierbas amargas en Pascua.

(Todos comen el maror junto con pan ácimo)

Historia del *Pésaj*

«Me he acordado de mi Alianza.» Éxodo 6:5

(Oficiante)

La historia del Pésaj es una historia de milagros, de redención, una historia del inmenso poder del Todopoderoso para vencer el mal.

(La lectura de las próximas secciones se puede delegar a 4 personas diferentes)

(Lector 1)

El Todopoderoso Yhwh le había prometido la tierra de Israel a Abraham, a Isaac y a Jacob. Sin embargo, allí estaban sus hijos en Egipto. El Faraón que estaba en el poder les temía. Pensó: «Estos extranjeros en nuestro medio han prosperado y se han vuelto numerosos. ¡Y si se unen con nuestros enemigos y se vuelven contra nosotros!» El Faraón decidió ejercer un mayor control sobre este pueblo imponiendo una esclavitud dura y amarga sobre los israelitas. Aún así, el Poderoso Yhwh bendijo a su pueblo en fortaleza y en número.

(Lector 2)

Al Faraón le dio aún más miedo y ordenó que echaran al Río Nilo a todo varón israelita recién nacido. Una pareja israelita escondió a su niño por tres meses. Finalmente, confiando sus futuro al Omnipotente, lo pusieron en una canasta y lo echaron al río. Su hermana Miriam lo vigilaba mientras flotaba corriente abajo. Al encontrar la canasta, la hija del Faraón tuvo compasión del niño y escogió criarlo como su propio hijo. Ella lo llamó Moshé, que significa «salvado [del agua]».

(Lector 3)

Moisés creció y se dio cuenta de los sufrimientos de su pueblo. Un día, en un momento de ira, perdió dominio propio y mató a un egipcio que estaba golpeando a un esclavo hebreo. Huyendo del palacio y de la vista del Faraón, Moisés se hizo pastor de ovejas en la tierra de Midyán, lejos del clamor de sus hermanos que sufrían.

(Lector 4)

El Todopoderoso Yahweh, sin embargo, vio la aflicción de los hijos de Israel y oyó sus lamentos. Él levantaría un libertador que los sacaría de la esclavitud. Fue entonces cuando se le apareció a Moisés en medio de una zarza que ardía en fuego y sin embargo no se consumía. Moisés se acercó y escuchó cuando Yahweh lo comisionó para que fuera donde el Faraón. Temeroso y poco dispuesto, Moisés accedió a llevarle el mensaje del Todopoderoso Yahweh al rey de Egipto: «Deja ir a mi pueblo.»

Relato de las Plagas

(Oficiante)

Moisés salió del desierto para regresar al palacio del Faraón, al mismo lugar donde se había criado. Volvió con el mensaje que el Todopoderoso Yhwh le había dado. Pero el Poderoso mismo le advirtió a Moisés que iba a encontrar oposición.

(Todos)

«Pero yo sé que el rey de Egipto no los dejará salir si no ve un poder mayor. Así que yo extenderé mi brazo y golpearé a Egipto con diversas maravillas que realizaré sobre ellos; después de eso los dejará ir.» (Éxodo 3:19, 20)

(Oficiante)

El Poderoso Yahweh envió plagas, una por una; sin embargo, después de cada plaga el Faraón endurecía su corazón. Los egipcios se vieron afligidos con incomodidad y con enfermedad, con calamidad y con ruina. Y todavía el Faraón no se rendía. Con la décima plaga, la más terrible, el Todopoderoso penetró la dureza del corazón impenetrable del Faraón.

(Todos)

«Esta noche yo pasaré por la tierra de Egipto y derribaré a cada primogénito en la tierra de Egipto, tanto de hombre como de bestia; y les haré juicio a todas las deidades de Egipto. Yo Yahweh.» (Exodo

12:12)

(Oficiante)

Éstas son las diez plagas que trajo Yahweh sobre los egipcios en Egipto: DAM (sangre), TSEFARDÉA (ranas), KINÍM (piojos), ARÓV (fieras), DÉVER (peste), SHEJÍN (sarna) BARÁD (granizo), ARBÉH (langostas), JÓSHEKH (oscuridad) , MAKÁT BEJORÓT (muerte de los primogénitos) .

Dayenu (Nos basta)

(*Cántico tradicional. La siguiente traducción se puede cantar*)

¡Cuántas bondades nos hizo el Omnipresente!

Si nos saca de Mitsráyim y no le da un castigo al mitsrayí:

Nos basta.

Si le da un castigo al mitsrayí, y no destruye sus imágenes:

Nos basta.

Si destruye sus imágenes, y no destruye al hijo mayor:

Nos basta.

Si destruye al hijo mayor, y no nos da de sus tesoros mil:

Nos basta.

Si nos da de sus tesoros mil, y no divide en dos la

mar:

Nos basta.

Si nos da su hermosa Torah, y no nos lleva a Tierra de Yisrael:

Nos basta.

Si nos lleva a Tierra de Yisrael, y no edifica un Templo do morar:

Nos basta.

(Oficiante)

Bendito eres, Yahweh nuestro Poderoso, Rey del universo, porque en tus misericordias has provisto para nuestras necesidades, y nos has dado mediante el Mesías Yahoshúa perdón de pecados, vida abundante, y vida eterna.

La Cena de Pésaj

(Oficiante)

Ahora vamos a tomar la Cena de Pésaj. En los días del Templo esta cena incluía carne de cordero asado. Hoy día no se come carne de cordero porque no hay Templo. Y además, el Mesías, que es nuestro Cordero de Pascua, ya fue sacrificado por nosotros, una vez para siempre.

(Bendición antes de la Cena; todos la dicen.)

Bendito eres, Yhwh nuestro Poderoso, Rey del universo, te damos gracias, Padre, por el fruto de la tierra.

(Se procede a servir y a participar de la cena.)

(Bendición después de la Cena; todos la dicen)

Te damos gracias, Padre, por proveernos este alimento que disfrutamos en esta noche de Pésaj. Con alegría recordamos todas tus liberaciones para tu pueblo; sobre todo, la liberación que realizaste en el Gólgota mediante tu santo Hijo Yahoshúa el Mesías. Gracias por el Mesías.

El Pan Ácimo que bajó del cielo

(Oficiante; tomando el pan ácimo envuelto previamente)

Es tiempo de participar del otro pedazo del pan ácimo, el último alimento que se come en la cena de Pésaj. Se participa de él como se participaba del Cordero de Pésaj desde el tiempo del Éxodo hasta la destrucción del Templo. El Mesías es el Pan Ácimo, partido por nosotros.

(Todos)

Bendito eres, Yahweh nuestro Poderoso, el Rey del universo, gracias, Padre, por el alimento que produce la tierra.

(Oficiante)

Este es el momento más solemne de la historia de la redención. Todo cordero sacrificado simbolizaba al Mesías Yahoshúa. Su muerte es nuestra salvación. En este momento nosotros aceptamos el Sacrificio del Mesías al comer este pedazo de pan ácimo. Aceptamos las palabras de vida de Yahoshúa; y que ese sabor dure en nuestra boca y en nuestras vidas para siempre.

(Todos comen del pan ácimo)

La copa de la Nueva Alianza

(Oficiante)

Llenemos nuestra copa por segunda vez en esta noche.

(Levantando la copa)

Esta es la Copa de Nueva Alianza, que simboliza la sangre del Cordero de Pésaj. Esta es la copa que representa la sangre del Cordero de Yahweh que quita los pecados del mundo.

(Todos)

«Los redimiré con brazo extendido.»

(Oficiante)

El profeta Yeshayah (Isaías) nos recuerda:

«He aquí que el brazo de Yhwh no es muy corto para salvar.»

(Isaiah 59:1)

Es nuestra propia justicia la que se queda corta. Aunque el Todopoderoso buscó, no pudo hallar a nadie que intercediera.

«Así que lo salvó su propio brazo; su diestra victoriosa lo sos tuvo.» (Isaías 59:16)

El eterno envió a su Hijo para salvarnos. La muerte

del Mesías es nuestra salvación. Su sangre pagó el precio de ella. Al tomar de esta copa, aceptamos la sangre del Mesías como nuestra redención. Hagámoslo con agradecimiento.

(Oficiante, levantando la copa)

Levantemos nuestras copas y bendigamos el Nombre de Yahweh:

(Todos)

Bendito eres, Yahweh nuestro Poderoso, Rey del universo, gracias, Padre, por crear el fruto de la vid.

(Todos beben la segunda copa)

Nuestro Cena Memorial está ahora completa, así como nuestra salvación está completa para siempre, gracias al Mesías Yahoshúa.

Alabanza Final

«Terminada la cena cantaron un salmo y salieron al Monte de los Olivos».

(Oficiante)

Demos alabanza a nuestro gran Padre Celestial.

(El Oficiante dice la primera parte de cada verso, y todos contestan diciendo "Su amor es eterno")

Den gracias a Yahweh, porque él es bueno. Su amor es eterno.

Den gracias al Poderoso supremo. Su amor es eterno.

Den gracias al Soberano supremo. Su amor es eterno.

Al único que hace maravillas. Su amor es eterno.

Al que hizo con entendimiento los cielos. Su amor es eterno.

Al que tendió la tierra sobre las aguas. Su amor es eterno.

Al que hizo as grandes lumbreras. Su amor es eterno.

El sol para gobernar el día. Su amor es eterno.

La luna y las estrellas para regir la noche. Su amor es eterno.

Al que hirió a los primogénitos de Egipto. Su amor es eterno.

Y sacó a Israel de entre ellos. Su amor es eterno.

Con mano fuerte y brazo extendido. Su amor es eterno.

Al que dividió en dos el Mar de Juncos. Su amor es eterno.

E hizo pasar a Israel por en medio de él. Su amor es eterno.

Pero ahogo al Faraón en el Mar. Su amor es eterno.

Al que guió a su pueblo por el desierto. Su amor es eterno.

Den gracias al Poderoso del cielo. Su amor es eterno.

(Salmo 136:1-16, 26)

Cántico Final

Baja Moisés (Tradicional)

Cuando Israel a Egipto llegó: «Dales libertad.»

El Faraón lo esclavizó: «Dales libertad.»

coro:

Baja, Moisés, a Egipto baja ya;

Dile al Faraón. «Dales libertad.»

Así ha dicho el gran Yhwh: «Dales libertad.»

Si no, las plagas enviaré: «Dales libertad.»

(coro)

El Faraón se endureció: «Dales libertad.»

Y al pueblo santo no libró: «Dales libertad.»

(coro)

Por fin el Pésaj los libró: «Dales libertad.»

Y el pueblo en libertad salió: «Dales libertad.»

(coro)

Al cruzar por el seco mar: «Dales libertad.»

Cantaron un canto triunfal; «Dales libertad.»

(coro)

Apéndice #2: Receta para Hacer *Matsah*

A continuación encontrará una receta sencilla para hacer Matsah (Pan sin Levadura). Un agradecimiento especial a mi amada esposa Yaritza por compartir la misma y permitir su uso en este libro.

Ingredientes

4 tazas de harina de trigo (puede ser harina blanca, integral, o mezclar ambas a gusto)

1 ½ taza de agua

2 cucharadas de aceite de oliva extra virgen*

1 pizca de sal

Procedimiento (horno)

1. Precalentar el horno a 350°F (177°C).

2. Eche las 4 tazas de harina en un recipiente.

3. En el centro de la harina, forme un hoyo o hueco (similar a un volcán).

4. Añada los demás ingredientes (aceite, agua y sal) en el centro.

---

* Si desea una consistencia más "crujiente", similar a una galleta, añada menos aceite a la mezcla.

5. Mezcle y amase hasta que sienta que se despega de sus dedos.

6. Saque la masa del recipiente y divida la misma en 6 secciones (o en menos, según su preferencia). Forme bolitas con cada sección.

7. Con un rolo, aplane cada bolita. Cada una debe quedar en forma de círculo u óvalo.

8. Con un tenedor, haga incisiones sobre cada porción para que el aire escape y no se formen burbujas al hornear.

9. Coloque cada porción en una bandeja previamente engrasada con aceite de oliva, y hornee de 20 a 30 minutos (dependiendo el horno) o hasta que se doren.

Procedimiento (sartén)

1. Precalentar el sartén con una base de aceite a fuego lento.

2. Realice los pasos 2-8 descritos previamente.

3. Coloque cada porción en el sartén caliente, y cocine hasta que esté dorada por ambos lados.

Agradecimientos

Antes de todo, agradezco al Todopoderoso Yahweh porque por su amor y misericordia es que tengo lo que tengo y soy quien soy.

A mi bellísima esposa Yaritza: Eres la encarnación de las frases "ayuda idónea" y "mujer virtuosa". TE AMO.

Al *roeh* (pastor) Daniel Morinelli y al *moreh* (maestro) Yosef, quienes desinteresadamente contribuyeron con ideas y revisaron este proyecto, ofreciendo sugerencias y señalando mis errores. Gracias por tomar de su valioso tiempo para ayudarme. Que Yahweh les bendiga abundantemente.

A la hermosa gente de Asamblea de Yahweh Internacional (AYIN): gracias por su continuo apoyo y oraciones. Aunque a la distancia, ustedes son parte de mi familia.

Y a usted, estimado lector, por apoyar este ministerio mediante la adquisición de este libro. ¡Qué el Todopoderoso Yahweh le bendiga abundantemente!

Acerca del Autor

Ángel Candelaria (A. A. Candelaria) es profesor de música y músico nacido en Arecibo, Puerto Rico. Estudió en el Conservatorio de Música de Puerto Rico, donde obtuvo un Bachillerato en Música con concentración en Educación Musical. También posee una Maestría en Artes con concentración en Computación Educativa de Universidad Interamericana de Puerto Rico, Recinto Metropolitano.

Desde niño, Ángel Candelaria fue educado en la fe cristiana dentro de la Iglesia Metodista de Puerto Rico. Luego de unirse en matrimonio con Yaritza y ser miembro de varias iglesias cristianas, comienza a interesarse por las raíces hebreas de la fe. A través de Internet conoce al maestro José Álvarez (Yosef) y comienza a estudiar el material contenido en su página Senda Antigua. Convencido por el estudio de la Escritura desde la perspectiva hebrea, se inicia en la fe nazarena, en la cual persevera por espacio de un año. Luego conoce el movimiento Asamblea de Yahweh Internacional (AYIN) y decide unirse al mismo.

En la actualidad, Ángel se desempeña como anciano, músico y coordinador de colaboradores en AYIN. A pesar de su rol en la asamblea, no se considera así mismo un maestro de la Escritura, sino un simple creyente que comparte lo poco que sabe con otros, utilizando las herramientas tecnológicas y habilidades que Yahweh ha puesto en sus manos.

Bibliografía

La bibliografía presentada a continuación corresponde a las fuentes utilizadas en todos los libros de la serie "¿Fiestas Judías o Fiestas de Yahweh?".

Afikoman. (s.f.). En *Wikipedia*. Recuperado el 15 de enero de 2014, de http://en.wikipedia.org/wiki/Afikoman

Akitu. (s.f.). En *Wikipedia*. Recuperado el 15 de enero de 2014, de http://es.wikipedia.org/wiki/Akitu

Audiencia General: Juan Pablo II (22 de diciembre de 1993). En *Vatican: The Holy See*. Recuperado de http://www.vatican.va/holy_father/john_paul_ii/audiences/1993/documents/hf_jp-ii_aud_19931222_sp.html

Ben Najum, S. A. (s.f.). *La boda hebrea y La relación de YHWH con Su Pueblo*. Recuperado de http://www.nupciasdedios.org/2012/07/la-boda-hebrea-y-la-relacion-de-yhwh.html

Calendario Hebreo. (s.f.). En *Wikipedia*. Recuperado el 14 de enero de 2014, de http://es.wikipedia.org/wiki/Calendario_hebreo

Charles, R. H. & Sparks, H. F. (s.f.). *El Libro de Enoc* (García, F., Trad.). Recuperado de http://www.bibliotecapleyades.net/enoch/esp_enoch_1.htm

Clarke, A. (s.f.). *Adam Clarke Commentary*. Recuperado de http://www.studylight.org/com/acc/

Clase 237: Leyes de Shabat – 91. (s.f.). En *Programa de Estudio Shulján Aruj*. Recuperado de http://www.shuljanaruj.com/clase.asp?idclase=237

Conejo de Pascua. (s.f.). En *Wikipedia*. Recuperado el 15 de enero de 2014, de http://es.wikipedia.org/wiki/Conejo_de_Pascua

Domingo. (s.f.). En *Wikipedia*. Recuperado el 15 de enero de 2014, de http://es.wikipedia.org/wiki/Domingo

Edersheim, A. (2008). *Usos y costumbres de los judíos en los tiempos de Cristo*. Barcelona, España: Editorial Clie.

Edersheim, A. (2010). *El templo: Su ministerio y servicios en tiempos de Cristo*. Lexington, KY: Editorial Clie.

Faraón. (s.f.). En *Wikipedia*. Recuperado el 15 de enero de 2014, de http://es.wikipedia.org/wiki/Faraón

Fase Lunar. (s.f.). En *Wikipedia*. Recuperado el 14 de enero de 2014, de http://es.wikipedia.org/wiki/Fase_lunar

Gordon, N. (s.f.). *Yom Teruah*. Recuperado de http://karaite-korner.org/yom_teruah.shtml

Hebrew Calendar. (s.f.). En *Wikipedia*. Recuperado el 14 de enero de 2014, de http://en.wikipedia.org/wiki/Hebrew_calendar

Ishtar. (s.f.). En *Wikipedia*. Recuperado el 15 de enero de 2014, de http://es.wikipedia.org/wiki/Ishtar

Josephus, F. (1895). *The war of the jews*. (W. Whiston, Trad.) Recuperado de http://data.perseus.org/citations/urn:cts:greekLit:t

lg0526.tlg004.perseus-eng1:1.1

Kol Nidre. (s.f.). En *Jewish Encyclopedia* (1906).
  Recuperado de
  http://www.jewishencyclopedia.com/articles/944
  3-kol-nidre

Libación. (s.f.). En *Wikipedia*. Recuperado el 15 de enero de
  2014, de http://es.wikipedia.org/wiki/Libación

Mathematics of the jewish calendar: The four postponements
  of the new year. (s.f.). En *Wikibooks*.
  Recuperado el 14 de enero de 2014, de
  http://en.wikibooks.org/wiki/Mathematics_of_th
  e_Jewish_Calendar/The_four_postponements_of
  _the_New_Year

Mitraísmo. (s.f.). En *Wikipedia*. Recuperado el 15 de enero
  de 2014, de
  http://es.wikipedia.org/wiki/Mitraísmo

Neilah: The Closing Services. (s.f.). En *Chabad.org*.
  Recuperado de
  http://www.chabad.org/holidays/JewishNewYear
  /template_cdo/aid/5349/jewish/Closing-
  Services.htm

Packer, J. J. & Tenney, M. C. (2009). *Usos y costumbres de
  la biblia: Manual ilustrado*. Nashville, TN:
  Grupo Nelson.

Prieto, B. (s.f.). *Abib*. Recuperado de
  http://caraitas.org/acercacaraismo/abib.html

Real Academia Española. (2001). *Diccionario de la lengua
  española*. Recuperado de http://lema.rae.es/drae.

Rich, T. R. (s.f.). *Rosh Hashanah*. Recuperado de
  http://www.jewfaq.org/holiday2.htm

Sabbath and Sunday. (s.f.). En *Jewish Encyclopedia* (1906). Recuperado de http://www.jewishencyclopedia.com/articles/129 66-sabbath-and-sunday

Saturnales. (s.f.). En *Wikipedia*. Recuperado el 15 de enero de 2014, de http://es.wikipedia.org/wiki/Saturnales

Semana Santa. (s.f.). En *Wikipedia*. Recuperado el 15 de enero de 2014, de http://es.wikipedia.org/wiki/Semana_Santa

Shemini Atseret. (s.f.). En *Wikipedia*. Recuperado el 15 de enero de 2014, de http://en.wikipedia.org/wiki/Shemini_Atzeret

Strong, J. (2002). *Nueva concordancia Strong exhaustiva*. Nashville, TN: Editorial Caribe. (Publicado originalmente en 1890)

Sukkah. (s.f.). En *Halakhah.com*. Recuperado de http://halakhah.com/pdf/moed/Sukkah.pdf

Tashlikh. (s.f.). En *Wikipedia*. Recuperado el 15 de enero de 2014, de http://en.wikipedia.org/wiki/Tashlikh

Torá. (s.f.). En *Wikipedia*. Recuperado el 15 de enero de 2014, de http://es.wikipedia.org/wiki/Torá

Wagner, C. H., Jr. (s.f.). *La pascua judía: Relación con la "Santa Cena"* (Álvarez, J., Trad.). Recuperado de http://sendaantigua.net/docs/La_pascua_y_la_san ta_cena.htm

Wootten, B. R. (2002). *Israel's feasts and their fullness*. St. Cloud, Florida: Key of David Publishing.

Yamim Noraim. (s.f.). En *Wikipedia*. Recuperado el 15 de
      enero de 2014, de
      http://es.wikipedia.org/wiki/Yamim_Noraim

Yoma. (s.f.). En *Halakhah.com*. Recuperado de
      http://halakhah.com/pdf/moed/Yoma.pdf

9 781495 285004